GAOZHILIANG KEHOU FUWU MOSHI DE SHIJIAN TANSUO

高质量课后服务模式的实践探索

——以深圳市莲南小学为例

YI SHENZHENSHI LIANNAN XIAOXUE WEI LI

冯 永◎著

華中師範大學出版社

新出图证（鄂）字10号

图书在版编目（CIP）数据

高质量课后服务模式的实践探索 ：以深圳市莲南小学为例 / 冯永著. -- 武汉 ：华中师范大学出版社，2024. 12. -- ISBN 978-7-5769-0855-8

Ⅰ. G622.0

中国国家版本馆CIP数据核字第2024MA5631号

高质量课后服务模式的实践探索——以深圳市莲南小学为例

© 冯永 著

责任编辑 冯　晨
责任校对 陈露露
封面设计 宋俊清
出　　版 华中师范大学出版社有限责任公司
社　　址 湖北省武汉市洪山区珞喻路152号
邮　　编 430079
网　　址 http://press.ccnu.edu.cn
印　　刷 湖北大合印务有限公司
开　　本 710 mm×1000 mm　1/16
印　　张 13
字　　数 180 千字
版　　次 2025年7月第1版
印　　次 2025年7月第1次印刷
定　　价 60.00元

序

2020年，党的十九届五中全会提出“建立高质量教育体系”；2022年，党的二十大进一步强调“加快建设高质量教育体系”。作为基层学校，如何构建高质量教育体系，促进学生全面发展，成为每位校长必须深思的课题。在此背景下，冯永校长的《高质量课后服务模式的实践探索——以深圳市莲南小学为例》一书，从办学实践的一个侧面，向我们揭示了建设高质量教育体系的可能，其价值与意义远超文字表层价值。通过研读这部专著，我深切感受到了冯永校长作为教育改革者的三重境界：既有“致广大”的格局——将课后服务置于教育强国建设的坐标系中进行审视；更具“尽精微”的匠心——从课后服务课程的精细化设计到服务方案的个性化精准实施，处处流淌着教育智慧；最难能可贵的是有“向未来”的远见——当智能平台辅助选课系统、数字化评价工具融入课后服务场景时，依然牢记“培养完整的人”是终极航向，技术永远是为育人服务的舟楫。

作为教育领域的研究者，我深感此书之厚重。它不仅是对一所学校实践经验的总结记录，更是对教育强国战略下，如何构建新型教育生态、创新教育实践的深刻洞察与前瞻布局。莲南小学用行动证明：课后服务不是时间的填补，而是教育的再出发；不是负担的减轻，而是成长空间的拓展；不是简单的托管，而是教育可能性的重新定义。当孩子们在创客工坊点亮思维的星火，在自然学堂聆听草木的私语，在社区舞台绽放自信的光芒，我们看到的不仅是课后服务的优化升级，更是整个教育生态向美而行的蝶变，也是对教育强国战略下新质生产力培育路径的积极探索。

通过课程体系的顶层设计，作者探索了课后服务对于减轻学生课业负担、促进学生身心健康、提升学生综合素质的重要意义，不仅关注学科知识的巩固与拓展，更重视学生兴趣爱好的培养、创新能力的发展以及社会情感的塑造，这与新时代育人目标高度契合，为培养德智体美劳全面发展的社会主义建设者和接班人奠定了坚实基础。同时，作者敏锐捕捉到了教育现代化的新趋势。书中介绍了学校通过引入数字化工具与平台，优化课后服务流程，提升教学效率与质量，实现了教育资源的优化配置与共享。这种以数智赋能教育的实践，不仅提升了学生的信息素养，更为构建智慧教育生态提供了宝贵经验。此外，本书还深入探讨了评价与反馈机制以及保障机制的建设，这是确保课后服务质量与可持续发展的关键所在。科学合理的评价体系能够准确反映服务效果，引导教育工作者及时调整优化策略；而完善的保障机制，则为课后服务的顺利实施提供了有力支撑。

莲南小学高质量课后服务的实践经验让我深受启发，同时也让我产生了深刻共鸣：一方面，如果充分激活“基层细胞”的创新能量，每所学校都可以探索育人新范式、教学新模式、供给新方式，成为教育改革的创新高地；另一方面，城市的教育改革必须与城市精神同频共振，正如莲南小学在深圳这片热土上，结合城市改革精神与城市教育资源所开展的实践探索，让课后服务工作阵地成为培养创新素养、锻造未来公民的独特场域。

期待这本书成为深圳教育新变革浪潮中的独特火种，在育人模式转型、课程供给变革的探索中发挥先行示范的引领作用，带动更多中小学将政策文件中的文字转化为生动实践，将基层探索的星火汇聚成璀璨星河——因为这座城市的基因告诉我们：改革永远在路上，教育的下一个奇迹，就藏在今天的创新足迹里。

柳海民

2025年3月15日于东北师范大学

目录

绪论

第一节　课后服务的概念界定

课后服务是教育改革发展的重要内容，科学界定其概念、内涵是深化课后服务研究的基础和前提。本节从文献研究、理论基础和政策文件三个视角，对课后服务的概念进行多维度解析，旨在全面把握课后服务的本质特征和发展要求，为构建高质量课后服务体系提供理论支撑。

一、文献研究视角下的课后服务概念

在学术领域，我国众多学者都对“课后服务”进行了概念界定。一般认为，课后服务是一种教育活动，是对义务教育阶段的学生开展放学后教育的新途径。学者苗建成认为，课后服务是学校充分利用各方资源，在保障安全的情况下，由相关部门统筹规划各方资源和需求，并遵循学生的身心发展以及教学规律确定的服务内容与形式，旨在满足学生

的需求，促进学生全面发展[①]。游莎、周先进认为，课后服务就是学校课后服务，是依据学生及家长的现实需求，以促进学生全面健康成长为目的，注重培养兴趣和个性的放学后校内教育，其主导者、开展地点、内容形式都围绕学校教育展开[②]。学者邹敏将课后服务分为学校提供的准公共教育服务和校外机构提供的经营性公共教育服务，认为课后服务不具有义务教育的强制性、统一性和免费性[③]。学者杨莹、邴英林认为，课后服务不是由单一主体提供的，并提出中小学课后服务是一种介于学校教育与家庭教育之间的补偿性教育服务行为[④]。学者都晓从课后服务的内容出发，将课后服务定义为放学后时间段内进行的学生托管、作业辅导、兴趣培养、社会实践等活动的总称，强调课后服务是学校教育的必要延伸[⑤]。另有专家提出，课后服务涉及学校、家庭及社会为学生提供的正规课程以外的教育服务，这类服务带有明确的目标和规划，旨在保障学生的安全，并助力其健康成长。这类观点着重强调了课后服务中不同服务提供者之间的合作、服务内容的多元性以及费用上的普及和公平原则。

二、理论基础视角下的课后服务概念

从教育理论的视角来看，课后服务的概念植根于多个教育理论。全

① 苗建成. 城区中小学开展课后服务工作的问题与对策[J]. 教学与管理，2018(07)：31.

② 游莎，周先进. 弹性离校背景下中小学生课后服务的内涵、价值与目标[J]. 教学与管理，2020(09)：31-35.

③ 邹敏. 中小学生课后服务的属性及权责问题探讨[J]. 中国教育学刊，2020(03)：32-36.

④ 杨莹，邴英林. 中小学课后服务的价值理性缺失与重构[J]. 教育理论与实践，2023，43(20)：3-7.

⑤ 都晓. “双减”背景下的课后服务研究述论[J]. 新疆师范大学学报（哲学社会科学版），2022，43(04)：50-61.

面发展教育理论强调，课后服务应该是德智体美劳全面培养的重要载体，为学生的全面发展提供支持，通过多样化的活动形式，促进学生在各个领域的均衡发展。个性化教育理论认为，课后服务应该尊重学生的个体差异，为不同学生提供适合的发展机会和成长空间，关注每位学生的特点和需求，实现因材施教。建构主义理论指出，课后服务是学生主动建构知识和能力的重要平台，强调学生在活动中的主体地位和体验式学习的重要性。终身教育理论则从更广阔的视角，将课后服务视为培养学生终身学习能力和兴趣的重要途径。社会教育理论强调课后服务的社会化功能，认为它是连接学校教育与社会生活的重要纽带。此外，多元智能理论为课后服务的课程设置和活动开展提供了理论指导，强调应该通过丰富多样的活动形式，发展学生不同类型的智能。

三、政策文件视角下的课后服务概念

从政策文件的视角来看，课后服务的概念具有明确的政策导向性。《关于做好中小学生课后服务工作的指导意见》(2017）将课后服务定义为学校在教学时间以外开展的，以看护、辅导、特长培养为主要内容的公益性服务，强调了服务的公益属性和基本功能。《关于全面加强和改进新时代学校体育工作的意见》(2020）进一步强调，课后服务要突出育人功能，促进学生身心健康发展，将体育锻炼作为课后服务的重要内容。《关于进一步减轻义务教育阶段学生作业负担和校外培训负担的意见》(2021）中明确指出，课后服务是减轻学生课业负担、促进学生全面发展的重要举措，强调了其在“双减”政策中的重要地位。《深圳市义务教育阶段学校课后服务实施意见》(2021）则从具体操作层面，对课后服务的内容、形式、时间安排等提出了明确要求，进一步丰富和完善了课后服务的政策内涵。

通过对文献研究、理论基础和政策文件的多维度分析，可以对课后服务进行综合界定：课后服务是指学校在正常教学时间之外，面向在校学生开展的，以促进学生全面发展和个性发展为目标，集看护、辅导、特长培养等功能于一体的教育服务活动。课后服务既是学校教育职能的拓展，也是素质教育的重要载体，更是满足人民群众对优质教育需求的重要途径。这一界定既立足于深厚的理论基础，又回应了现实的教育需求，同时也体现了政策的导向性要求，为课后服务的实践提供了清晰的概念框架和行动指南。

第二节　高质量课后服务的研究缘起

在新时代建设教育强国的战略背景下，高质量课后服务已成为深化教育改革、提升教育质量的重要举措。本节从建设教育强国的战略需求、顺应时代变革的发展趋势、促进学校发展的内生动力以及助力家长摆脱困境的现实需要四个维度，分析高质量课后服务研究的必要性和紧迫性。通过多维度的研究缘起分析，深入探讨课后服务在教育现代化进程中的重要价值和深远意义，为构建高质量课后服务提供理论基础。

一、建设教育强国的战略之需

建设教育强国是我国立足中华民族伟大复兴的战略全局和世界百年未有之大变局这“两个大局”，面对大国博弈和竞争所下的“先手棋”，关系到我国在大国博弈和竞争中的核心竞争力和竞争优势，是全面建成社会主义现代化强国的战略先导。基础教育作为国民教育的根基，承担着建设教育强国的基础性使命。在基础教育体系中，课后服务是构建完整育人体系的重要组成部分，它延伸和拓展了课堂教学的时空维度，为学生提供个性化成长机会，是破解“三点半难题”、促进教育公平的重要抓手。课后服务既是基础教育高质量发展的重要支撑，也是推动教育变革创新的关键突破口。高质量的课后服务要积极响应建设教育强国的战略号召，以提升教育质量为核心，以促进教育公平为导向，以培养具备国际竞争力的杰出人才为目标，在新的发展阶段把握新要求、贯彻新理念、构建新格局。

党的二十大报告提出，“实施科教兴国战略，强化现代化建设人才支撑”，要“办好人民满意的教育”“坚持以人民为中心发展教育，加快建设高质量教育体系，发展素质教育，促进教育公平”。习近平总书记就教育强国建设发表重要讲话，要求教育强国建设“以教育理念、体系、制度、内容、方法、治理现代化为基本路径”，强调“基础教育既要夯实学生的知识基础，也要激发学生崇尚科学、探索未知的兴趣，培养其探索性、创新性思维品质”，指出“从教育大国到教育强国是一个系统性跃升和质变，必须以改革创新为动力”。这些指导思想为推进课后服务工作提供了重要的理论依据，将课后服务工作视为教育现代化的重要组成部分，并为其发展提供了明确的方向。

二、顺应时代变革的发展之势

新质生产力作为国家战略导向性概念，自2023年9月习近平总书记在黑龙江考察时首次提出以来，其内涵不断得到深化。习近平总书记明确指出要“积极培育新能源、新材料、先进制造、电子信息等战略性新兴产业，积极培育未来产业，加快形成新质生产力，增强发展新动能”。2023年12月中央经济工作会议进一步强调要“以科技创新推动产业创新，特别是以颠覆性技术和前沿技术催生新产业、新模式、新动能，发展新质生产力”。2024年《政府工作报告》将加快发展新质生产力确立为政府工作的首要任务，凸显了其战略定位的核心性。新质生产力的崛起必然引发社会系统的深层变革，人的发展形态跃升是根本性变革之一，这意味着新时代教育也将迎来历史性变革和创新性发展。教育必须主动围绕新质生产力和人的发展新形态，针对教育评价、课程结构和教学方式等关键性问题深化改革，聚力构建契合新质生产力的教育新形态。

在此背景下，课后服务作为基础教育系统重要的构成要素，应积极融入新质生产力发展的战略框架，在多个维度实现创新突破：以质量提升为核心旨归，强化以核心素养为导向的课程体系建构；把握科技赋能带来的创新机遇，推动教育方式的转换；通过优化课后时段的教育供给结构，确保学生获得契合时代要求的深度学习体验。通过这些创新举措的系统推进，课后服务将能够更好地适应并服务于新质生产力发展的时代要求。

三、促进学校发展的内生之力

学校发展的内生动力源自其对卓越的不懈追求和持续创新，这一动力体现在不断提升教育品质、优化治理结构、增强社会责任感等多个方面。这种动力驱使学校不仅要不断拓展学生的知识与技能，关注学生身心健康，还要积极参与和谐社会构建。通过创新机制提升治理效能，以达成让人民满意的教育目标。为此，学校须打破传统管理模式，探索创新发展之路，以激发和培育内生动力。

课后服务的推行，是激活学校内生动力的关键。在现代学校制度下，需要重新审视和界定“课后”概念，打破传统的放学或离校时间限制，将课后服务融入学校整体育人体系。课后服务也是完善现代教育治理体系的有效途径，通过创新服务模式实现教育功能的多维拓展。将课后服务纳入学校责任范畴，有助于学校转变教育观念，实现学生全面发展和学校履行社会责任的有机统一。高质量课后服务彰显了学校主动担当育人使命的责任意识，通过内部创新驱动，有效提升了办学质量和教育满意度，构建了学校可持续发展的内生动力机制，为现代学校制度的完善提供了实践范式。通过系统化的顶层设计和实践创新，课后服务将成为推动学校高质量发展的重要支撑。

四、破解家长困境的关键之举

家校共育是培养高素质人才的重要保障。在当前社会背景下，家长在教育实践中面临诸多困境：一方面，双职工家庭普遍存在的“时间困境”，使得家长难以全程参与和指导孩子的学习成长；另一方面，部分家长由于教育理念、知识储备、教育方法等方面的局限，在辅导孩子作业、培养兴趣特长等方面面临“能力困境”。作为破解这些困境的关键之举，高质量的课后服务通过将学生课后托管时间与家长工作时间进行合理对接，实现了时间上的衔接，有效解决了“三点半难题”；依托学校优质的师资力量和教育资源，提供专业的支持，不仅能够为学生提供科学规范的作业指导，还能开展丰富多彩的兴趣特长培养，弥补了家长在教育专业性上的不足；通过将学校教育与家庭教育有机衔接，实现了育人的延伸，构建起更加完善的育人体系，为提升基础教育质量提供新的思路和方向。

因此，研究高质量课后服务模式既是应对家长教育实践困境的现实需要，也是提升教育服务质量的重要途径。通过建立完善的课后服务体系，不仅能够切实减轻家长负担，更能促进学生的全面发展，实现教育服务的提质增效。

第三节 高质量课后服务的价值意义

在建设教育强国的背景下，推动课后服务朝着高质量方向发展，是教育系统责无旁贷的使命。高质量课后服务的关键在于育人，而课程是实现育人目标的基本途径，课后服务课程的质量对于整个课后服务水平有着至关重要的影响。学校作为课后服务的主要实施者，深知课程是开展课后服务工作的核心载体。在推动学校课后服务高质量发展的进程中，课程所发挥的作用不容小觑。建设高质量课后服务课程，不仅是推进高质量课后服务的关键环节和核心要点，更是增强教育服务能力、提升民众获得感与幸福感的迫切需求。

一、有利于落实“双减”政策，构建良好教育生态

建设高质量课后服务课程，有利于落实“双减”政策，构建良好教育生态。《关于进一步减轻义务教育阶段学生作业负担和校外培训负担的意见》要求义务教育由注重量的积累转向注重质的提升，全面提高课堂教学和课后服务的质量，切实减轻学生作业、课业和校外培训负担。[①]这

① 周洪宇，齐彦磊．“双减”政策落地：焦点、难点与建议［J］．新疆师范大学学报（哲学社会科学版），2022，43(01)：69-78.

一政策凸显了学校作为教育主阵地的关键作用，也清晰地确立了课后服务在教育中的重要地位。课后服务作为课堂教学的有效补充和延伸，对于提升教育服务能力、优化教育生态具有重要意义。当前，在“双减”政策的引导下，学校课后服务全覆盖取得重大进展，后续工作的重心将是进一步完善课后服务课程体系，真正让学生在校内能够充分且高质量地学习。课后服务课程是学校课后服务的核心内容和行动基础，建设高质量课后服务课程，是推动课后服务高质量发展的关键所在，也是有效落实“双减”政策、构建良好教育生态的重要抓手。

二、有利于满足多样化需求，促进学生健康成长

课后服务是在课后托管的基础上蜕变而来的一种具有教育性和多样性的活动，旨在有效利用学生放学后的时间，开展丰富多彩的育人课程，以最大程度地关注到每位学生的个性化成长需求。打造高品质的课后服务课程，有效地发挥课后服务的教育作用，有助于满足学生多元化的需求，推动学生全面健康地成长。教育部印发的《关于做好中小学生课后服务工作的指导意见》(后面简称《指导意见》）明确规定，课后服务的内容主要是“安排学生做作业、自主阅读、体育、艺术、科普活动，以及娱乐游戏、拓展训练、开展社团及兴趣小组活动、观看适宜儿童的影片等，提倡对个别学习有困难的学生给予免费辅导帮助”[①]。由此可知，学校课后服务的目标在于全面满足学生“作业辅导、实践探索、弱势帮扶、特长培养”等多样的学习和成长需求。课后服务课程的设计

---

① 教育部办公厅.关于做好中小学生课后服务工作的指导意见［EB/OL］.(2017-03-24)［2018-03-14］.http://www.moe.gov.cn/srcsite/A06/s3325/201703/t20170304_298203.html.

不应局限于文化课业的辅导，而应扩展至培育孩子的兴趣和特长，为他们提供丰富多样的活动机会和空间。紧密贴合课后服务的宗旨和学生个性化的需求，加快构建高品质的课后服务课程体系，将有助于实现服务供给与学生学习需求的完美契合，促进课后服务的优质发展，并助力学生健康成长。

三、有利于优化资源配置，增进教育公平

课后服务将促进教育公平视为其内在宗旨。打造高品质的课后服务课程，有助于优化教育资源的分配，提升服务的公正性。学校为所有学生提供课后服务课程，旨在为每个孩子提供普及、高质量的课后关怀与服务，这是减少并消除孩子在课后教育及照护方面不平等现象的关键，也是减轻因课后资源不足对孩子未来学习和成长造成潜在负面影响的重要手段。对于家庭和学生来说，积极推动高质量课后服务课程的建设，是对优质教育资源的有效整合与分配，促进了课后服务课程资源的深入挖掘与应用，在一定程度上保障了不同家庭背景的学生能够在课后享有平等的教育机会和资源，缩小因条件差异而造成教育不平等现象，进而逐步推动教育公平的实现。

第一章 课后服务的研究现状及其课程体系

课后服务，作为学校教育的重要补充，其影响深远，超越了单纯的课后监管，致力于全方位提高学生的综合素质，促进其个性化成长。这种模式以创新的教育服务方式，积极回应当代社会对教育多样化和高质量的需求，旨在创建一个融合知识深化、兴趣激发和能力锻炼的综合成长空间。

第一节 课后服务的研究现状

课后服务作为一项惠及亿万家庭的教育民生工程，对其发展模式的探索一直是国内外教育领域关注的重点。本节通过系统梳理国际课后服务的发展历程与典型模式，深入分析国内课后服务的实践探索与现实困境，总结国内外课后服务发展的经验与启示，以期为我国课后服务模式的创新发展提供借鉴和参考。

一、国际课后服务的发展历程与模式分析

课后服务概念最早产生于20世纪60年代左右，起源于欧美发达国家。国外对于小学课后服务的实践较早，研究也较早，已形成较为成熟的体系。受社会经济快速发展和生活压力的影响，家庭劳动力大量涌入职场当中，这就直接导致小学生在放学后陷入“无人接送、无人看管”的状态之中，因此引发了人们对于课后服务的思考。进入20世纪80年代后，欧美发达国家的课后服务体系已被深度整合至基础教育框架之下，在服务品质与执行效率上展现出显著成效，进而促使各国政府相继制定并实施了一系列政策措施，以促进该领域的标准化和规范化发展。例如，英国、美国、澳大利亚、日本等国家，分别推出了《应对保育挑战》《儿童全面发展法案》《校外看护、假期看护及高危娱乐场所管理经营计划》《儿童福利法》等法律法规，旨在进一步加强对课后服务的监管与支持，确保儿童在课余时间能够得到全面、安全且高质量的照顾与教育。在这些法案的支撑下，学生在学校学习和活动的时间得以延长，政府补贴服务费用，制定明确的质量标准；学校注重学习辅导，还提供丰富多彩的体育、文化、艺术、科技等娱乐活动，并且构建了一套体系完善的质量评估系统，以确保能提供优质的课后服务。

英国的课后服务从20世纪90年代开始发展，旨在解决双职工和单亲家庭急剧增长的学龄儿童的保育问题。为提高课后服务的效率，确保实施的质量，英国在课后服务方面提出应当在内容方面进行质量的提升，创建多元化的服务方式，夯实学生的基础知识和能力，改善学生的学习行为，提升学生的学习水平。1998年英国政府颁布《应对保育挑战》，2008年英国政府颁布《早期基础教育阶段法定框架》，2009年英

国政府颁布《每个孩子都很重要：为孩子而改变》，这一系列的政策促进了看护和教育的融合。英国主要的课后服务场所有学校、俱乐部。学校课后服务除了任用校内教师、招募志愿者外，还注重与其他学校的合作，共享课后服务资源。斯皮尔伯格和哈珀恩在其关于课后服务计划的研究中认为，学校在课程内容方面应更多关注儿童的心理状况，营造出快乐的课后环境，授课方式应多样化，以便让学生以更好、更易懂的方式接受知识，同时应注重培养学生的实践技能[①]。

美国的课后服务将视角定位于课程设置方面，认为学校和教师在进行课程设置时应当充分考虑到小学生的年龄特点以及心理状态，采取不同的教学方法和手段，迎合小学生的个性化特征，创造适合其发展的愉快的学习环境。这对于促进小学生知识的吸收、能力的培养都将起到正向作用。

澳大利亚的课后服务体系可追溯到20世纪70年代初期，发展历史悠久。该服务的主要经济支撑为国家财政拨款，这确保了服务的可持续性和稳定性。至1986年，澳大利亚政府正式颁布了《校外看护、假期看护及高危娱乐场所管理经营计划》，这份文件详尽地规定了课后服务的资金筹措机制、运营框架及监管措施，为儿童课后服务的规范化、专业化发展奠定了坚实基础。费尔南德兹对澳大利亚学生看护管理的相关政策文件进行了深度分析，认为课后服务应通过法律手段进行保障，同时细化具体规定，从而推进服务工作的顺利实施，维护儿童在课后服务方

① Julie Spielberger, Robert Halpern.The Role of After-School Programs in Children's Literacy Development[J].Chapin Hall Center for Children at the University of Chicago, 2002.

面的权益[①]。

新西兰的课后服务可追溯到20世纪。沃尔特提出，新西兰制定“五年计划”政策的最终目的是给适龄儿童提供正常的日间照顾服务和课后托管服务，这项政策对课后托管服务的资金来源、师资力量及人员安排等多个方面的问题作出了明确的规定，这不仅为建立课后服务质量的监督机制带来益处，也有利于保障适龄儿童在课后服务方面应有的权利[②]。

日本的课后服务可追溯到20世纪60年代。课后服务的主要资金来源是国家财政。日本在课后服务方面强调保障儿童的利益，尤其是6～12岁的儿童，服务人员必须足够了解他们身心发展的规律和特点，制定适宜的游戏活动计划，全方位促进儿童在认知技能、情感发展及自我意识等多方面的均衡成长，助力其塑造健全的人格。1997年，日本通过修订《儿童福利法》，为课后服务的规范化发展与扩展提供了坚实的法律基础。2007年，日本又推出了《放学后儿童综合计划》，该计划统一规范了“放学后儿童学习室”与“放学后儿童娱乐社”的管理标准，明确要求各级地方政府在教育行政部门的引领下，携手各类社会福利机构，共同为儿童打造一个集学习、娱乐于一体的安全又健康的环境，让儿童在愉快的氛围中全面发展。佐藤三三等人认为，该计划的实施应以实现儿童进一步学习为基本目标，补充和增强学校教育在实践指导层面的不足，利用放学后的时段，为儿童提供将课堂知识转化为实际操作能力的平台。在这个阶段，不仅能巩固儿童对知识的记忆，而且能激发其学习兴

① Elizabeth Fernandez, Nicola Atwool. Child protection and out of home care: Policy, practice, and research connections Australia and New Zealand [J]. Psychosocial Intervention, 2013(22):175-184.

② Christine Walter. Quality out-of-school care in Aotearoa/New Zealand [J].New Directions for Youth Development, 2007(116):59-69.

趣。学者莲见元子等针对日本“放学后儿童教室”计划的实施效果进行了调查研究，认为该计划在引导儿童学习方面还需进一步加强。但是铃木舜则认为，对儿童进行指导的辅助人员实际上在日本“放学后儿童教室”计划中扮演着重要角色，因此，他提出应该大力提高辅助人员的专业性，增加专业知识培训，以此增强辅助人员在教育学、心理学等方面的知识储备，提高其组织有特色的放学后活动的能力。高质量的课后服务能促进学生的全面发展，减轻家长的负担，有利于实现教育的公平。

在发达国家，课后服务体系历经长时间的实践与优化，已发展出一套高效且成熟的运作框架。以美国为例，其课后服务的覆盖面极为广泛，达到了相当高的普及水平，绝大部分地区都以学校、俱乐部或宗教组织为主体参与推行课后教育，不仅广泛地调动了社会各界的资源，也充分发掘和利用了学校自身所具备的优越条件，实现了资源的最大化整合与利用，但73%的课后教育项目都在公立学校进行。丰富的课程内容与灵活的活动方式保证了课后教育的多元化选择，参与的学生可以选择学业方面的，比如作业辅导、学术项目、STEM教育以及阅读写作，也可以选择爱好方面的，比如体育活动、艺术活动，还可以选择休闲方面的，比如饮食服务（包含小吃、饮料）。如果学生想要提高自己的合作能力和领导力，培养批判性思维，可以选择劳动技能发展方面的课后教育内容。

二、国内课后服务的实践探索与创新困境

我国课后服务的正式形成可追溯到20世纪90年代。随着经济的快速发展，城市中的双职工家庭已然是普遍现象，家庭结构变化引起的“小学生三点半放学没人接”的现实难题日益突出。为此，部分学校尝

试开设“晚托班”，该托管模式也被视为早期课后服务的雏形。之后，托管服务需求体量的增大吸引了社会资本的关注，社会托管机构纷纷涌现，同时，高额的托管费以及超前补习的课后托管服务，加剧了家庭的经济负担，也变相地加重了学生的学习负担，校外课后托管乱象横生。随着《指导意见》的正式发布，课后服务的内涵与外延得到了明确界定，促使各地纷纷加强对在课后服务中融合素质教育的关注，实现了从单纯管理模式向教育引导模式的转变，标志着课后服务向更加全面、深入的方向发展。

（一）课后服务的实施现状

课后服务作为学校教育体系的重要组成部分，近年来逐渐受到社会各界的广泛关注。《指导意见》的出台，不仅明确了课后服务的基本内容，也体现了教育政策对学生全面发展的高度重视。在课后服务的内容设置上，《指导意见》不仅着眼于作业辅导这一基础层面，充分强调其重要性，更倡导构建多元化、个性化的课后服务体系，旨在全面覆盖并满足学生多样化的成长需求与兴趣偏好。自主阅读能够培养学生的阅读兴趣和习惯，提升其文学素养和表达能力；体育活动能强健学生体魄，提高其身体素质和运动能力；艺术、科普活动可以拓展学生的知识面，培养学生的创新精神和实践能力；娱乐游戏和拓展训练能够让学生放松心情，培养团队合作和解决问题的能力；社团及兴趣小组活动能让学生根据自己的兴趣有选择性地参与，进而发展特长和爱好；播放适宜学生观看的影片则能让学生在娱乐中受到教育和启发。这些丰富的课后服务内容，不仅体现了教育政策对于学生全面发展的重视，也贯彻了党的教育方针。课后服务为学校提供了一个广阔的平台，使其能够为学生提供更加丰富多样、优质高效的教育资源与服务，进而为学生的身心健康、全面发展奠定坚实的基础。

课后服务在时间设置上重点回应家长需求。教育部和很多省（区、市）的文件都明确指出，课后服务的作用之一是帮助家长解决按时接送学生的困难，为此，各省（区、市）的文件也都把下午放学后作为主要的课后服务时间。学校在实施课后服务的过程中也贯穿着这一思路，着力使学生离校时间与家长下班时间相协调，在正常教学结束之后增加1～3个课时，使学生在校时间相应增加。学校根据年级差异确定参加课后服务的学生的离校时间，同年级学生离校时间相对统一，也有学校提供了不同的时间段供家长选择。从实施效果来看，确定统一的离校时间便于学校操作，如果家长的选项过多，考虑到放学安排和课后服务编班，学校的管理负担将成倍增加。

课后服务作为学校教育体系的重要延伸，其师资力量的构成直接关系到服务的质量和效果。目前，课后服务的师资主要以本校教师为主，这一模式在已经开展课后服务的学校中占据了主导地位。在大多数学校中，本校教师成为课后服务的中坚力量，他们不仅承担着日常的教学任务，还积极参与到课后服务的各项工作中。有的学校更是基本实现了全体教师参与课后服务的目标，教师参与率高达90%，充分展示了教师们的责任与担当。引入校外资源也是提升课后服务质量的重要途径。例如，有些地方的教育局通过招投标方式设立了第三方机构资源库，为各校提供了丰富的选择。各校家委会则在此基础上，根据学校和学生的实际需求，主导选择合适的第三方机构进入学校开展课后服务。这种方式不仅确保了服务的专业性和规范性，也增强了家长对课后服务的信任度和满意度。解决课后服务师资力量不足的问题是一个多元化、复杂化的过程，应在保障本校教师主体地位的同时，积极引入校外资源，形成合力，共同提升课后服务的质量和效果。

课后服务管理以学校自主管理为主，包括课后服务计划、实施和评价三个阶段。在接到上级部门要求开展课后服务的通知之后，各学校一般首先会组织学习相关文件，然后根据文件要求制订细化的工作方案，包括课后服务内容的设置、实施过程的监管、期末的评价等。由于课后服务是正常教学之外的活动，各学校普遍成立了专门负责课后服务安全管理的团队。有的学校课后服务工作已经做得比较成熟，便把课后服务管理也纳入教学团队的日常管理工作中。大多数学校会赶在开学之前拟定课后服务计划，提前确定服务的内容、师资和时间安排，以保证开学后课后服务正常进行。有些开展课后服务较早的学校已经将这项工作常规化，部分项目甚至已经开发出教材。在实施过程管理方面，各学校年级组发挥了重要作用，课后服务师资安排等大都由年级组负责协调。在评价管理方面，各学校最为重视的是安全检查，而那些课后服务发展较为成熟、开展了兴趣拓展活动的学校对服务质量的检查也十分重视，如有的学校会对课后服务进行日常巡查打分，有艺体项目的学校大都会要求相关教师在特定时间段之后进行活动成果展示，并将其作为评价的参考依据。

（二）课后服务面临的主要挑战

自《指导意见》从国家层面对课后服务提出规范性要求以来，以学校为主渠道的课后服务工作取得了长足的进步，工作流程日益规范，活动内容及形式丰富多样，也获得了绝大部分参与其中的家长和学生的认可。不过，由于工作的复杂性和系统性，以及各地各校实施条件的差异性，这项工作目前仍有诸多可以改进之处。通过从地方政策要点、学校实施现状、家长与学生观点三个维度展开全面分析，我们发现，目前学校课后服务主要存在三个层面的问题。

1.观念层面的问题

中小学生课后服务直接涉及政府（含教育部门）、学校、社会和学生家庭四个相关方。各方认识的统一，尤其是政府、学校和学生家庭认识的统一，是做好中小学生课后服务工作的前提。目前，众多省（区、市）已专门制定了针对课后服务的政策措施，且不少市、县级单位也已细化出台了实施方案与指导意见，推动了中小学课后服务工作的全面铺开与深入发展，使课后服务呈现出蓬勃兴旺的态势。然而，从各省（区、市）政策文件的对比、学校实施的现状、家长和老师的观点这几个方面综合来看，目前各方关于课后服务性质和目的的认识尚未统一。总体而言，各方均同意课后服务有助于满足家长在接送、辅导学生等方面的需求。但是，课后服务的功能和目的绝非仅限于此。部分家长对课后服务的理解存在偏差，认为这仅仅是在延长学生在校时间，增加学生学习负担，而非丰富其课余生活和提供个性化服务；还有家长认为，课后服务会导致学生的休息时间被压缩，增加学生的学业压力，从而影响学生的身心健康。但实际上，这种观念忽视了学生个体差异和提高学生学习效率的重要性。除了家长之外，教师对于课后服务观念的转变也是一个需要关注的问题。部分教师可能认为课后服务增加了他们的工作负担，影响了他们的生活质量和职业发展。他们可能担心课后服务会让他们在学校待更长时间、处理更多工作事务，从而导致工作压力增大。此外，一些教师可能还担心课后服务会影响他们的备课时间和休息时间，进而影响他们的教学质量，比如，课后服务会让他们无法充分准备教学内容，无法保持最佳的教学状态，从而影响自身积极性。

2. 现实难题

尽管课后服务的实施带来了诸多益处与积极影响，但我们也不能忽视其给师生带来的额外负担。首先，无可否认，课后服务的开展在一定程度上会延长教师的工作时长，并使得其教学任务变得更加复杂、繁重。为了确保服务的针对性和有效性，教师需根据每位学生的学习状况提供个性化的服务，这不可避免地压缩了他们的教研时间和个人休息时间。长此以往，这可能会干扰正常的教学秩序，并对课后服务的积极作用产生负面影响。其次，从活动内容来看，当前小学课后服务的形式相对单一。大多数服务主要是教师监督学生完成课后作业，并在必要时提供指导。这种单一的形式在培养学生的思维能力方面效果有限，而且学生长期处于被监督的学习环境中可能不利于学习意识和兴趣的培养，从而阻碍了学生自主学习习惯的养成。再者，对于“双减”政策的认知偏差也影响了课后服务的实施效果。由于部分地区和学校对政策的宣传和落实力度不够，教师、家长和学生对于“双减”政策的真正意图和内涵存在误解。这种认知上的偏差直接影响了课后服务的实际开展，使其难以达到预期的教育效果。

虽然课后服务具有多方面的积极作用，但我们也应关注并解决其带来的额外负担、活动内容单一、政策认知偏差等问题，以确保课后服务能够更有效地促进学生的全面发展。

3. 新的挑战

随着现代教育理念的演进与深化，我们愈发认识到教育不仅仅是知识的传递，更是对学生全面发展和个性化需求的满足。然而，在实际操作中，尤其是在课后服务这一领域，我们不难发现，尽管服务的初衷是为学生提供更多元、更个性化的学习与生活体验，但往往难以达到预期的效果。学生作为受教育的主体，其需求具有多样性和复杂性的特点。在课后服务中，这种多样性表现得尤为突出。学生的需求因年龄、兴趣、能力、家庭背景等多元因素而异，对课后服务的内容、形式及时间安排有着不同的期待。然而，当前课后服务普遍采用统一化的模式，难以精准对接每位学生的个性化需求，从而降低了学生的参与热情与满意度，也限制了课后服务在提升教育质量与效果方面的潜力。此外，在课后服务中，家校之间的有效沟通作为教育流程中的关键环节，其重要性不容忽视。然而，我们不难发现，部分家长对课后服务的期望与学校提供的实际服务之间存在较大的差距。这种差距往往源于双方对课后服务目标、内容、形式等方面的不同理解。由于缺乏有效的沟通机制，这种差距通常难以及时解决，家长对课后服务的满意度下降，甚至产生抵触情绪。此外，课后服务涉及多个机构和部门，其运行和管理需要完善的监管机制来保障。然而，目前的监管机制尚存在诸多不足和漏洞。一方面，由于不同机构和部门之间的职责划分不明确，监管责任分散，难以形成合力；另一方面，由于缺乏有效的监管手段和措施，存在服务质量参差不齐、安全隐患未排除等问题。这不仅影响了学生的安全和健康，也损害了学校的声誉和形象。

三、经验总结与借鉴

国外的课后服务开展较早，发展至今也相对成熟，其中的有益经验为我国丰富课后服务的开展形式提供了可用的参考。例如，英国的课后服务侧重于将儿童的照顾与教育相结合，按照服务时限主要分为完全托管、部分时段托管、暂时托管、课后照料、居家照顾这五类。早期的美国托管教育主要开展以课业学习、课业辅导为主要内容的课后项目。之后，美国的教育工作者和政策制定者对"美国学生的数学和科学成绩水平低"以及"进入科学、技术、工程和数学领域就职的年轻人人数逐渐减少"这样的现状表示越来越担忧，为此在课后服务项目中增加了STEM教育内容，以提升年轻人对STEM教育的兴趣和学习能力，并增加年轻人在科学和技术等相关领域的实践学习经验，从而为年轻人提供进入STEM课后教育的职业途径。美国田纳西州纳什维尔公园和娱乐社区中心的课后项目，聚焦大型城市里以低收入家庭、少数民族儿童为主的社区，推行儿童饮食健康与营养教育和技能训练相结合的体验式教学厨房，这种结合营养教育与技能培养的体验式厨房教学模式，在拥有高忠诚度、高效能及高组织凝聚力的社区环境中展现出卓越的实施成效，并有效拓宽了其影响力范围，惠及更多来自低收入家庭且服务获取受限的儿童群体。澳大利亚课后看护的供给主体呈现多元化的趋势，按照提供服务的主体不同，可分为：委托亲友看护、学校的课后照顾、社会层面的课外看护。日本的儿童课后服务主要以手工、体育锻炼、种植、文学阅读等多种自由活动为主。

在我国，课后服务的本土实践也取得了长足的进步。近年来，随着教育改革的不断深化，课后服务被赋予了新的时代内涵和使命。从传统的作业辅导到兴趣小组活动，再到科技创新实践，课后服务的内容与形式日益丰富多样。这不仅为学生提供了更多的学习选择，也促进了学生综合素质的全面提升。国内课后服务的开展形式与内容大多以各个省（区、市）的具体细则为政策引领，一定程度上呈现出多样化、多元化、地方化的特点。然而，与国际先进水平相比，我国课后服务领域在资源优化配置、师资质量提升及课程创新设计等方面尚存进步空间。因此，我们需要采取一种策略：既要积极拥抱国际先进经验，汲取其精华，又要深刻洞察国内教育环境，构建一套既符合国际趋势又紧贴中国国情的课后服务体系，以期实现服务质量的跨越式提升。

第二节　课后服务课程体系的理论阐释

课后服务的课程体系建设是实现其教育价值的关键所在。本节从多元理论视角出发，深入分析支撑课后服务课程体系的理论基础，探讨理论与实践深度融合的路径，为构建科学合理的课后服务课程体系提供理论指导，推动课后服务的高质量发展。

一、多元理论体系支撑

在“双减”政策的指引下，学校课后服务的推进经历了一个从单纯提供公共服务向借助服务发挥课程育人功能深刻转变的过程，具体体现在其价值导向由简单的托管看护升华至全息育人的高度。课后服务作为教育高质量发展时代对小学教育提出的新课题，扮演着推动教育公平的关键角色，而课后服务课程资源的区域化开发，则成为确保课后服务有效实施的核心任务之一。在此背景下，需要在理论层面建构对课后服务课程资源区域化开发的认识框架。随着课后服务实践的不断深入，课后服务课程资源开发过程中涉及的要素越来越多，相关领域逐渐扩大，存在的问题也日趋复杂。为此，需要借助新的理论视角来审视区域课后服务课程资源开发这一庞杂系统的内在运作机制，提出新的开发流程与路径。

（一）陶行知生活教育理论

陶行知先生在对杜威的实用主义哲学进行批判继承的基础上，结合我国当时的教育现状提出了生活教育理论。这一理论不仅是对传统教育观念的一次深刻变革，更是对教育本质与功能的一次全新阐释。生活教育理论的核心思想在于深刻揭示了教育与生活之间不可分割的内在联系，强调了教育的实用性和实践性价值。陶行知先生认为，教育的根本意义在于促进生活的变化与发展，“生活即教育”构成了该理论的理论基石。这一观点从根本上颠覆了传统教育中教育与生活相割裂的观念，指出教育不应是脱离生活实际的抽象存在，而是生活本身的一部分，是生活变化与发展的内在动力。

生活教育理论的内涵丰富而深刻，主要包括“生活即教育”“社会即学校”以及“教学做合一”三大核心理念。其中，“生活即教育”作为该理论的核心，不仅强调了教育的生活化特征，更指出了教育应紧密围绕生活的实际需求展开，服务于生活的改善与进步。陶行知先生明确指出，教育的本质，在于引导生活之变化，故而“生活即教育”之命题，实乃教育之真谛所在。这一理论的提出，不仅为中国现代教育的发展提供了全新的视角和路径，更为后世教育者提供了宝贵的思想财富和实践指南。通过对陶行知先生生活教育理论的深度剖析，我们可以更加清晰地认识到教育与生活之间不可分割的内在联系，以及教育在促进社会进步和个人发展方面的重要作用。

（二）皮亚杰认知发展理论

皮亚杰认知发展理论是20世纪最具影响力的儿童心理发展理论之一。皮亚杰认为儿童认知发展是一个主动建构的过程，遵循固定的发展阶段。他通过大量研究发现，儿童认知发展经历感知运动阶段、前运算阶段、具体运算阶段和形式运算阶段四个主要阶段。该理论为小学课后服务课程建设提供了重要的理论支撑。小学生主要处于具体运算阶段（7～11岁），在这一阶段，儿童已具备可逆性思维，能够理解事物的双向性；可掌握守恒概念，认识到物体在形状改变时数量、质量等特性保持不变；能进行简单的逻辑推理，但需要具体事物的支持；开始形成系统性思维，但仍受限于具体经验。这些认知特征对课后服务课程建设具有重要指导意义。在课程内容设计方面，应注重设计具体可操作的实践活动，如手工制作、科学实验等，满足学生动手需求，同时适当融入抽象思维训练，但需借助实物、模型等直观教具，并根据年级差异设置递进式课程内容，体现认知发展的连续性。在教学方法选择方面，要采用多感官参与的教学方式，让学生通过视听触等感知获得直接经验；创设问题情境，引导学生运用逻辑思维解决实际问题；通过小组合作学习，促进同伴之间的认知互动与提升。在评价方式改革方面，应注重过程性评价，关注学生在活动中的思维发展；采用多元评价方式，全面了解学生的认知水平；建立成长性档案，记录学生认知能力的发展轨迹。在师生互动模式方面，教师要转变为引导者角色，为学生提供必要的认知支架；根据学生认知特点设计互动方式，避免过度抽象地讲解；营造轻松愉悦的学习氛围，激发学生的探索欲望。将皮亚杰认知发展理论应用于课后服务课程建设，能够更好地把握小学生的认知发展规律，设计适合其年龄特点的课程活动，促进学生认知能力的全面发展，同时有助于教师转变教育理念，采用更科学的教学方法，最终实现课后服务的育人目标。

（三）维果斯基最近发展区理论

维果斯基的最近发展区理论是20世纪最具影响力的教育心理学理论之一。维果斯基提出在儿童的实际发展水平与潜在发展水平之间存在一个最近发展区，这一区域代表着儿童在他人帮助下所能达到的发展水平。这一理论强调在教育过程中，教师的指导作用和同伴互助的重要性，对教育教学实践具有重要指导意义。

该理论对小学课后服务课程建设也具有重要指导作用。在课程设置方面，应根据学生已有知识和能力水平，设计难度适中的课程内容，既要避免过于简单导致学习兴趣下降，也要防止过于困难引起学习畏难情绪。教师要善于识别每位学生的最近发展区，为不同水平的学生提供个性化指导。在教学方法上，要充分发挥教师的支持性作用，采用支架式教学，通过示范、提示、引导等方式帮助学生实现知识和能力的提升。同时，要重视同伴互助的作用，通过小组合作学习、朋辈辅导等形式，让能力较强的学生带动能力较弱的学生共同进步。在课程实施过程中，教师要密切关注学生的学习表现，及时调整支持的力度，做到既不过度干预，又不放任自流。要建立动态评估机制，通过观察、交流等方式了解学生的进步情况，适时调整教学策略。此外，课后服务要为学生创设良好的学习环境，提供丰富的学习资源和交流机会，让学生在教师指导和同伴互助的双重助力下主动建构知识、发展能力。要注意培养学生的自主学习能力，逐步减少外部支持，使学生能够独立完成更具挑战性的任务。通过合理运用最近发展区理论，课后服务可以更好地发挥其教育功能，促进学生的全面发展。最近发展区理论的应用有助于实现课后服务的个性化和差异化，确保每位学生都能在适合的起点上取得进步和成长。

（四）加德纳多元智能理论

多元智能理论由美国心理学家加德纳提出，揭示了人类智能的多样性和复杂性。该理论认为，人类智能并非单一维度，而是涵盖了语言智能、数学逻辑智能、空间智能、身体运动智能、音乐智能、人际智能以及自我认知智能等多个独立且相互交织的领域。在课后服务课程设计中，充分融入这一理论显得尤为重要，因为它不仅有助于我们更全面地理解学生的个体差异，还能为课程设计提供有力的指导。课后服务作为学校教育的有机组成部分与重要延伸，其课程设计应当充分响应学生多元智能发展的需求。这意味着，课程设计需要跳出传统框架，构建一套多元化、差异化的课程体系，旨在满足不同智能类型学生的个性化学习需求。例如，对于语言智能突出的学生，可以设置阅读、写作和辩论等课程；对于数学逻辑智能强的学生，可以设计数学竞赛、逻辑推理游戏等活动；对于空间智能优秀的学生，可以组织建筑模型设计、地理探索等实践活动。同时，身体运动智能、音乐智能、人际智能以及自我认知智能的培养亦不容忽视，可以通过开设体育俱乐部、音乐社团、人际交往技巧课程和心理健康辅导课程等，促进学生的全面发展。这样的课程设计，不仅体现了对学生个体差异的尊重与理解，更在激发学习兴趣、挖掘潜能、培养创新精神与实践能力方面发挥了重要作用。它为学生提供了一个展示自我、探索未知的舞台，对于他们的个人成长与未来发展具有不可估量的价值。通过深度应用多元智能理论，学校得以在课后服务课程设计中开辟出一条全新的路径，为学生的全面发展与个性化成长奠定坚实的基础。

（五）赫尔巴特课程整合理论

德国著名教育家赫尔巴特基于其教育哲学率先提出了课程整合理论，这一理论不仅是对传统教育模式的深刻反思，更是对现代教育体系构建的一次重要贡献。赫尔巴特强调，教育的终极目标在于培养个体的德行或意志，这一教育理念构成了其教育哲学的核心。他深刻洞察到，孤立、割裂的教材内容难以支撑起完整人格的形成，故而提出了课程整合的迫切需求。课程整合理论的核心内容是将不同学科的知识、技能、价值观等进行有机融合，通过跨学科的学习活动，使学生能够全面理解和掌握知识，提高综合应用能力。这种整合不仅涉及学科之间的整合，还包括知识与生活、理论与实践的整合。

在课后服务课程设计中，课程整合理论为其提供了至关重要的理论指导与实践框架。首先，课程整合在课后服务课程中的应用能够为学生开辟一条通往多样化学习体验的路径，精准对接并满足学生多元化的学习需求。具体而言，设计者可以依据学生的兴趣倾向与特长优势，巧妙融合科学、艺术等多学科元素，开发出如科学实验与艺术创作交相辉映的跨学科学习活动。这类活动不仅丰富了学生的学习经历，更在实践中促进了学生多元智能的全面发展。其次，课程整合在课后服务课程中的实践对于培养学生的综合能力与创新思维具有深远影响。通过精心编排，将不同学科的知识体系与技能要点巧妙融合，能够促使学生跨越学科界限，从多角度、多层次审视并解决问题。这一过程不仅锻炼了学生的批判性思维，更激发了其在创新和解决问题方面的潜能。尤为重要的是，这种跨学科的综合能力培养，为学生未来的学术深造与职业生涯奠定了坚实的基础，赋予了他们在复杂多变的社会环境中持续学习与适应的能力。因此，在课后服务课程设计中，应充分借鉴课程整合理论，设计具有综合性、实践性和创新性的课程，促进学生的全面发展。

二、理论与实践深度融合

基于对课后服务课程体系相关理论依据的详细论述，进一步阐释课后服务课程开发的基本理念，有助于逐步完善课后服务课程理论的认识框架。

（一）发挥高质量的育人价值

加速推进我国教育事业的现代化进程，致力于建设教育强国，并竭力实现人民满意的教育目标，构成了当前教育发展的核心导向与战略重心。这一宏伟愿景不仅为教育政策的制定和实施提供了根本性的指导原则，而且成为各级各类教育机构规划教育教学活动的核心理念与精神引领。在此框架下，每一项教育政策的出台，每一次教育改革的推进，均须紧密围绕这一战略导向，以确保教育事业的全面进步与持续发展，满足人民群众对高质量教育的深切期盼。党的十九届五中全会明确提出了建设高质量教育体系的要求，这是新时代我国教育发展的新主题、新方向、新目标、新任务[①]，课后服务则是为回应教育高质量发展的时代号召而开展的一项增强人民教育幸福感的惠民工程，是创建高质量教育体系的内在要求，也是提升教育服务能力、减轻家庭教育经济与精神负担

① 朱俊华.学习贯彻党的十九届五中全会精神 以高质量党建谱写高质量发展新篇章［N］.首都建设报，2021-12-02(003).

以及深化教育公平的重要支撑，是当前教育改革的重要维度，旨在构建更加和谐、高效的教育生态系统。在此背景下，课后服务质量的优化成为一项关键性举措，它不仅彰显了高质量课后服务在促进学生全面发展中的独特价值，还进一步强化了学校作为教育主阵地在高质量育人方面的能力。这一策略的有效实施，对于助力国家“双减”政策的深入贯彻具有深远意义。课后服务政策颁布以来，各地教育行政部门纷纷响应号召，落实责任，开创了形式多样的课后服务方式。因此，做好课后服务课程开发，不仅要深化对课后服务的认识，树立高质量课后服务课程观，还要关注学生的实际需要与发展特点，以高质量的课后服务构建多元化、个性化、现代化的课后学习空间，让课后服务真正实现培养学生、发展学生、成就学生的育人功能。课后服务课程内容的挖掘及筛选都应围绕着“高质量育人”这一要义，一方面在课程内容的选择与挖掘上，要注重对学生爱国情怀、创新创造能力、终身学习能力以及社会责任感等方面的培养，从学生全面发展的达成度来检验课后服务课程的质量；另一方面在课程筛选与组织上，要增强课程开发的长效性，从过程端出发，保障小学课后服务的高质量发展。

（二）整合多方位的主体力量

课后服务的“课后”性质在时间和空间维度上将其与传统的课堂教育教学活动区分开来，学生课后的成长发展会受到更为宽泛的来自各个领域的多重要素的影响，“双减”政策文件中也进一步指出，课后服务“可聘请退休教师、具备资质的社会专业人员或志愿者”“充分利用社会资源”[①]，以实现课后服务参与人员的多元化。此外，课后服务的内容主要是学生自主阅读、艺体活动、科普活动、拓展训练、社团及兴趣小组活动等，开展形式多为综合实践活动，表现出较强的实践性，强调在真实的社会实践情境中，发展学生智力、提升能力、养成良好的品德，促进其身心和谐发展，成长为完整的人。学生不仅仅是学校场域中的学习主体，也是家庭系统、社区系统、社会系统中的关怀对象，一切利益主体都有责任、有义务满足未成年学生成长发展的价值需求。小学课后服务课程资源的开发须深刻把握“双减”政策精髓，充分认识到高质量课后服务在促进学生全面发展中所承载的关键价值与深远意义，整合家庭、学校、社会、社区等多方位的主体力量，形成走向协同育人的小学课后服务课程资源区域化开发主体团队。

（三）课程内容与现实相融合

现实价值是教育政策制定的重要出发点，是教育政策最直接的价值诉求，特指教育政策实际上是“为解决什么现实教育问题”服务的。出台课后服务相关政策的出发点是帮助家长解决无法按时接送学生的现实问题，尤其是小学生“三点半”的接管难题。显然，课后服务承载着极为重要的现实需求与价值期待。“提升教育服务能力，解决课后家长接管难题”作为课后服务最基本的现实价值，也是小学课后服务对课程内容进行筛选、组织应该遵循的基本准则。因此，在进行课后服务课程开发时，开发主体需要针对家长面临的实际教育难题以及合理的教育诉求寻找解决方案，充分开发各类课程，为学生提供专业的教育服务并保障学

① 孙百才，纪元．中小学课后服务：政策分析及科学循证［J］．天津市教科院学报，2022，34(04):29-34.

生安全。针对小学生群体的课后服务的基本内容多集中在课后看护、作业辅导、艺体活动以及兴趣拓展等方面，课后服务实施主体在开发筛选各类课后服务课程内容时，首先要保证课后服务基本现实价值的实现以及满足学生个性化需要的物质环境。

第二章

高质量课后服务模式的建设逻辑

课后服务的核心在于打造一个学生能够继续深化学习、探索兴趣和提升技能的空间。实施定制化和丰富多样的课后服务，旨在迎合学生的多元化成长需求，使他们在轻松和谐的氛围中巩固所学、点燃热情、发掘潜能，同时培养独立学习能力、团队合作能力和创造性思维，为学生综合素质的提升打下牢固的基础。

第一节　课后服务的教育地位、功能及诉求

一、课后服务的教育地位与功能

课后服务是学校教育的重要组成部分，是对常规教育的有益补充和延伸。从教育地位来看，课后服务不是简单的看管或课后托管，而是具有明确教育意图的系统性教育活动。它与学校常规课程共同构成了完整的教育体系，在实现立德树人这一根本任务中发挥着不可替代的作用。

课后服务打破了传统的课堂教学界限，创造了更加开放和灵活的教育空间，为学生的全面发展提供了更多可能性。

从功能定位来看，课后服务具有多重教育功能。首先，它具有基础性教育功能：通过作业辅导和学习指导，帮助学生巩固课堂所学知识，提高学习效率，培养良好的学习习惯。其次，课后服务具有发展性功能：通过开展丰富多彩的社团活动和特色课程，为学生提供展示才能、发展兴趣的平台，促进其个性发展。再次，课后服务具有实践性功能：通过组织各类实践活动，培养学生的动手能力和创新精神，增强其社会实践能力。最后，课后服务还具有管理育人功能：通过科学的时间管理和行为引导，培养学生的自主管理能力和良好的行为习惯。

在实践中，课后服务的功能发挥需要学校的统筹规划和系统设计。学校应根据自身特点和学生需求，合理确定课后服务的功能定位，制定相应的实施策略，确保各项功能的有效发挥。同时，要注意各项功能之间的有机统一，避免功能割裂或者某一功能的过度强化。只有这样，才能真正发挥课后服务的教育价值。

二、课后服务在素质教育中的价值诉求

课后服务作为素质教育的重要载体，其价值诉求体现在教育公平、教育质量、育人模式等层面。

从教育公平的层面看，课后服务通过提供普惠性、基础性的教育服务，不仅有效缓解了“放学难”“托管难”等问题，而且让每位学生都能享有优质的课后教育资源。这种制度性安排既满足了家长的现实需求，也体现了教育的公平正义。同时，通过统筹配置教育资源，为不同家庭背景的学生提供同等的发展机会，有效减少了家庭条件差异对学生发展

的影响。

从教育质量的层面来看，课后服务通过科学设计和系统实施，极大地丰富了学校教育的内涵。一方面，它为学生提供了个性化的学习辅导和作业指导，帮助学生巩固基础知识，提升学习效果；另一方面，通过开展丰富多样的素质拓展活动，为学生搭建了展示才能、施展个性的平台，有效提升了学校教育的整体质量。课后服务不是对课堂教学的简单重复，而是通过多样化的教育形式，实现对学生素质的全面培养和提升。

从育人模式的层面看，课后服务突破了传统的课堂教学模式，构建了更加开放和灵活的育人机制。它强调以学生发展为本，注重学生的主体性和自主性，通过项目式学习、实践体验、社团活动等多种形式，培养学生的创新精神，提高学生的实践能力。这种新型的育人模式，不仅能够激发学生的学习兴趣，锻炼其自主学习能力，还能够促进学生在实践中学会合作、懂得创新，形成正确的价值观和良好的行为习惯。

课后服务的价值诉求还体现在对学生综合素质的培养上。它不仅关注学生的学业发展，更注重培养学生的社会责任感、创新思维、审美情趣等素养。学校通过提供丰富的文化艺术活动和社会实践机会，帮助学生形成健全的人格，锻炼其社会适应能力和生活实践能力。这种全方位的素质培养，既符合素质教育的要求，也满足了学生的成长需求，为其终身发展奠定了坚实基础。这样的价值诉求，体现了课后服务对素质教育的深刻理解和系统实践，反映了其在推进素质教育中的重要地位和作用。通过多维度、多层次的教育实践，课后服务正在成为推进素质教育、促进学生全面发展的重要平台。

三、课后服务对学校教育的深化与拓展

课后服务对学校教育的深化与拓展主要表现在时间、空间和内容三个维度。

在时间维度上，课后服务打破了传统的课堂时间限制，延长了教育时间，为学生提供了更充裕的学习和发展时间。这种时间的延伸，不仅有助于学生更好地完成作业，巩固所学知识，还为开展丰富多彩的教育活动创造了条件。

在空间维度上，课后服务突破了教室的局限，将教育场所延伸到操场、图书馆、实验室等多个场所，甚至延伸到社区和家庭，极大地拓展了教育空间。

在内容维度上，课后服务对学校教育进行了有益的补充和深化。一方面，通过开设特色课程和社团活动，丰富了教育内容，为学生提供了更多的学习机会；另一方面，通过实践活动和体验学习，深化了学生对知识的理解和运用，促进了知识的内化。同时，课后服务还注重培养学生认知之外的能力，如社交能力、情绪管理能力等，这些都是常规课堂教学难以充分实现的。

此外，课后服务还促进了教育方式的创新。通过引入多样化的教育方式和学习形式，如项目式学习、探究性学习、体验式学习等，丰富了教育手段，提高了教育效果。这种教育方式的创新，不仅受益于课后服务本身，也对常规课堂教学产生了积极影响。

第二节 课后服务的核心理念与总体原则

一、课后服务的核心理念

高质量课后服务建设必须以科学的理念为引领。本节从学生全面发展、个性发展和协同发展三个维度，阐述课后服务建设的核心理念，强调以学生为本的教育思想，突出服务的丰富性和多样性，凸显家校联动的重要作用，为构建高质量课后服务体系奠定思想基础。

（一）学生为本，全面发展

课后服务建设需要坚持以学生为本的核心理念，这是新时代教育改革的基本要求，也是课后服务实现育人目标的根本保证。以学生为本，强调将学生作为课后服务建设的核心，充分尊重学生的主体地位，关注学生的实际需求和发展诉求；要从学生身心发展规律出发，科学设计课程内容和实施方案，确保课程活动既符合学生认知特点，又能促进其全面发展。因此，在课程设计时，需要注意以下几个方面：

首先，在课程目标设定上，要以立德树人为根本任务，把培养学生的综合素质放在首位，统筹考虑德智体美劳各个方面，不能片面强调某一方面而忽视其他方面。特别是在小学阶段，要注重培养学生的核心素养，帮助学生掌握学习、健康生活、责任担当、解决问题、创新思维等方面的基本能力；要通过丰富多彩的课程活动，培养学生的社会责任感，促进其德智体美劳全面发展。

其次，在课程门类的设置上，要形成门类齐全、内容丰富的课程体系，包括道德修养、学科知识、艺术素养、体育健康、劳动技能等多个维度。

再次，在课程实施上，要注重知识、能力、素质的协调发展，既要帮助学生巩固学科知识，又要培养其创新思维，提高其实践能力。因此，要充分发挥教师的主导作用和学生的主体作用，创设良好的教学环境，使学生在积极参与中获得全面发展，特别是教学方式要突破传统模式，采用启发式、互动式、体验式等多样化方法，激发学生的学习兴趣和主动性。为此，教师要转变教育观念，树立正确的学生观、教育观，充分尊重学生的个体差异，因材施教，促进每位学生的和谐发展。

最后，在课程评价上，要建立科学的评价体系，关注学生的进步与成长，避免单一化的评价方式。

（二）丰富多彩，个性发展

课后服务课程要体现丰富多彩的特点，为学生的个性化发展提供广阔空间。

第一，课程门类供给要注重多样性，开设涵盖学科类、艺术类、体育类、科技类、劳动类等不同领域的课程，形成结构合理、层次分明的课程体系。

第二，课程内容要突破教材限制，引入丰富的课外资源，拓宽学生的知识视野；要根据不同年级段学生的特点，设计难度适中、形式活泼的课程活动。

第三，在课程属性的设置上，要充分尊重学生的个性特点和兴趣爱好，为学生提供自主选择的机会，要体现基础性与拓展性相结合、必修与选修相结合的原则，满足不同层次学生的学习需求。

第四，在课程实施方式上，可以采用走班制、选修制等灵活方式，让学生根据自己的兴趣和需求选择相应课程；要灵活运用小组活动、项目式学习、实践体验等多种形式，创设生动有趣的学习情境。此外，要为学生的特长提供专门的培养途径，开设特色课程和提高性课程。对于学有困难的学生，要提供个别化辅导和针对性指导。教师要善于发现和培养学生的个性、特长，因材施教，促进学生在个性发展中不断进步。课程实施过程中要注重激发学生的创造性思维，培养其创新精神和实践能力；要通过多样化的课程设置，为学生搭建展示才能的舞台，激发其学习兴趣和创造潜能。

第五，在课程资源配置上，要充分利用校内外各类教育资源，引入优质的课程资源，为学生的个性化发展创造良好条件；要建立课程动态调整机制，根据学生需求和课程实施效果及时优化课程内容和形式。

（三）多方联动，协同发展

课后服务课程建设要充分发挥家校社协同育人的作用，构建紧密的家校社合作关系。也就是说，一方面，课后服务要建立有效的家校沟通机制，通过家长会、开放日、网络平台等多种形式，增进家长对课后服务的了解和支持；要重视家长的参与和反馈，定期收集家长意见，了解学生在家的表现，及时调整课程内容和实施方案。另一方面，课后服务要加强学校与社区的互动，建立良性互动关系，整合社区力量，丰富课程形式。

在课程设计的过程中，要充分考虑家长、社区的意见和建议，整合多方资源，使课程设置更加符合实际需求。为此，在课后服务课程建设中，要充分注意以下几个方面：

第一，可以发挥家长的专业优势，邀请具有特殊才能或专业背景的家长参与课程建设和实施，丰富课程资源。

第二，要加强对家长的教育指导，帮助家长树立科学的教育观念，掌握正确的教育方法。

第三，要整合社区资源，即利用社区场所和设施开展课程活动，积极引入社区教育资源，开发特色课程，建立学校、家庭、社区三位一体的育人网络。

第四，要注重学校与社区的互动，通过社区服务、社会实践等形式，拓展学生的学习空间，增强课程的社会性和实践性，实现学校教育与社会教育的有机结合。

在评价反馈方面，要建立多元主体参与的评价机制，吸纳家长和社区力量参与课程评价，形成良性互动的评价体系。具体应注意以下几个方面：

第一，要定期组织家长开放日活动，邀请家长走进课堂，亲身体验课后服务的教育效果。

第二，要建立家长志愿者制度，鼓励和支持家长参与课程活动的组织和管理。

第三，要通过家长学校等形式，加强家庭教育指导，提高家长的教育能力和水平。

第四，要重视家校共育的实效性，通过各种形式的活动增进家校互信，形成教育合力。

二、课后服务的总体原则

本节从系统性、适切性、开放性和发展性四个角度出发，构建课后服务建设的基本原则，为课后服务建设提供方法论指导，确保课后服务建设的规范性和有效性，推动课后服务的科学发展。

（一）系统性原则

课后服务建设需要运用系统思维方法，将课后服务作为一个有机整体来进行规划和设计。从内部要素来看，课后服务的目标、内容、实施、评价等各环节之间存在紧密的逻辑关联，需要统筹考虑各要素的协调发展。课后服务的目标为内容选择提供方向，内容架构影响实施策略的制定，而实施效果则通过评价体系得以检验和反馈，任何要素的缺失或失衡都可能影响课后服务整体育人功能的发挥。

从外部关系来看，课后服务课程要与学校正式课程建立有机联系，通过差异化设计和内容互补来丰富学生的学习体验。课后服务应突破学科课程限制，以更加灵活的方式拓展学习领域，形成基础性、拓展性、研究性等多层次课程结构，为不同特点、不同需求的学生提供丰富的发展机会。

此外，为确保课后服务课程有效实施，在资源配置上，课程建设需要统筹利用校内外各类教育资源，包括师资、场地、设备、教材等硬件资源，以及课程标准、教学方案、评价制度等软件资源；要按照系统建设的要求进行整合和优化，实现资源利用的最大效益，并建立课程资源的动态补充机制，根据建设需要及时补充和更新各类资源。

（二）适切性原则

课后服务课程建设必须立足于对服务对象特点和需求的深入把握。课程设计应以学生为本，充分考虑学生的身心发展规律、认知特点和学习需求。教育对象的年龄特征决定了课程内容的深度和广度，因此，小学阶段的课程应注重趣味性和体验性。课程组织与实施形式要符合学生的认知发展水平，采用适宜的教学方法和活动方式，使学生能够在轻松愉快的氛围中获得发展。

在课程供给上，要关注学生群体的差异性特征，开设涵盖学科拓展、艺术修养、体育运动、科技创新等不同领域的课程，为学生提供多样化的发展路径。同时要关注特殊群体的需求，为学习困难的学生提供个别化辅导，为特长生提供拔高类课程，实现因材施教。

在课程资源的配置上，要立足学校实际和区域特色，根据学校独特的办学传统和已有资源，充分发挥学校优势，并结合地方特色，挖掘本土文化资源，引入社区教育力量。

在课程难度的把握上，要恰到好处，既要避免过于简单而无法激发学生的学习兴趣，也要防止过于困难而打击学生的学习积极性。可以采用分层教学的方式，为不同水平的学生提供难度递进的学习内容。

在教学方式上，课后服务应当采用更加灵活多样的方式，根据课程内容特点灵活运用讲授、讨论、实践、游戏等形式，创设生动有趣的学习情境，注重师生互动和生生互动，适当运用现代教育技术手段，丰富教学形式，提高学习效果。

要通过对适切性原则的把握，确保课后服务课程真正满足学生的发展需求，发挥其应有的教育功能。

（三）开放性原则

课后服务课程建设需要秉持开放的理念，打破传统的封闭办学模式。这种开放性，主要体现在以下几个方面：

第一，在教育资源的开放共享方面，要打破校内部门界限和年级界限，实现教师、场地、设备等资源的统筹使用；通过项目合作、资源互换、共建共享等多种方式，与其他学校、教育机构建立伙伴关系；同时要注重社会优质资源的筛选，建立资源准入标准，确保引入资源的教育性和适切性。

第二，课程内容要体现时代特征和社会需求，及时吸收科技发展、文化创新的新成果，关注社会热点和发展趋势，体现学科交叉和知识融通。

第三，在教学方式上，要打破传统课堂的时空限制，利用信息技术手段开展线上线下混合式教学，采用走班制、导师制、小组制等灵活方式，充分利用社会场所开展实践活动。课程实施过程中要注重与家庭、社区的紧密合作，建立家校互动机制，发挥家长资源优势，邀请有相关专业背景的家长参与课程建设和实施；要与社区建立合作的长效机制，充分利用社区教育资源，开展特色课程活动。

第四，在课程管理上，要建立开放透明的运行机制，包括课程信息公开制度、多方参与的决策机制和课程评估反馈机制。特别是教师队伍建设要打破固定的师资配置模式，建立灵活的教师聘用机制，通过特聘教师、外聘专家等方式补充专业师资力量；通过校际交流、企业实践、专家讲座等方式提升教师专业能力。

第五，评价体系要体现开放性思维，建立开放的质量标准体系，实现评价主体多元化，包括教师评价、学生自评、家长评价、专家评价等；评价方式要注重过程性和发展性，采用量化与质性相结合的方式；评价结果要及时反馈，为课程改进提供依据。

要通过多层面的开放举措，确保课后服务课程建设能够充分整合各类优质资源，创新教育方式，提升育人成效。

（四）发展性原则

课后服务课程建设需要保持发展的眼光和创新的意识，确保课程具有持久的生命力。在课程理念方面，要与教育改革发展趋势保持同步，及时吸收先进的教育理念和方法，关注教育政策的变化和社会发展需求，适时调整课程目标和内容。

在课程质量建设方面，要建立科学的监测反馈机制，制定明确的质量标准，建立常态化的监测评估制度，覆盖课程建设的目标设置、内容选择、实施过程、评价反馈等各个环节；要建立课程实施的跟踪研究机制，定期收集相关数据，分析课程实施效果，及时发现问题并采取改进措施。

在课程资源建设上，要体现持续更新的理念，建立课程资源库，注重资源的数字化建设，利用信息技术手段实现资源的有效管理和使用；要建立资源更新机制，及时补充新的教育资源，淘汰过时资源，同时重视教师自主开发的课程资源，鼓励教师编写校本教材和特色课程。课程评价要采用发展性的视角，评价标准要体现阶段性和进步性，关注学生在不同阶段的发展变化，评价内容要突出能力培养和素质提升，避免简单的知识考核；要建立学生成长记录制度，通过成长档案等方式记录学生的发展轨迹，重视评价结果的运用，为学生的个性化发展提供指导。

在对外交流与合作方面，要加强与其他学校的交流合作，学习并借鉴先进经验，与高校、研究机构建立合作关系，获取专业指导和支持；要关注国际教育发展趋势，吸收借鉴国际先进经验，建立课程成果的推广机制，促进优质资源的共享共用；要通过这些发展性举措，确保课后服务课程建设能够与时俱进，不断提升育人质量。

上述原则相互关联、相互支撑，构成了课后服务课程建设的基本遵循。只有在具体实践中结合学校实际情况，灵活运用这些原则，才能确保课后服务课程建设的科学性和有效性，最终实现培养德智体美劳全面发展的社会主义建设者和接班人的教育目标。

第三节　课后服务的课程供给

一、课后服务课程与课后服务的关系

（一）课程是课后服务的内容支撑

课程作为课后服务的基本要素和核心载体，为课后服务提供了系统化的内容体系和规范化的实施框架。

从课程理论的视角来看，课程不仅是知识与经验的系统化组织，更是教育目标的具体化呈现。在课后服务中，课程通过目标设定、内容选择、活动设计等环节，将服务理念转化为可实施的教育方案，形成结构化的内容支撑体系。

从课程功能的层面分析，课程建设确立了课后服务的基本框架和运行机制。通过纵向上的层级递进和横向上的领域拓展，构建多维度的课程结构，为课后服务提供了丰富的内容选择。同时，课程实施过程中的教学策略、方法指导和资源配置，为服务活动的开展提供了具体的操作路径和实践指南。

在资源整合方面，课程建设通过系统化的规划和配置，实现了教育资源的优化组合。课程不仅整合了校内的教师、场地、设备等基础资源，还拓展了社会资源的引入渠道，构建了开放性的资源支持系统。这

种基于课程的资源整合机制，为课后服务创造了更加丰富的教育环境和更加有利的实施条件。

此外，课程的规范化功能为服务质量的提升提供了制度保障。通过建立科学的课程标准和评价体系，服务实施的具体要求和质量指标得以明确，为服务管理和质量监控提供了操作依据，有效促进了课后服务的规范化发展。

（二）课程是课后服务的质量保障

课程在课后服务中的质量保障作用主要体现在目标导向、过程规范和效果评价三个方面。

在目标导向上，课程建设通过明确设定的教育目标，为课后服务的开展提供了清晰的方向指引。这些目标不仅包括知识技能的获得，还涵盖了学生综合素质的培养，确保课后服务的育人价值得到充分体现。

在过程规范方面，课程通过科学的设计和系统的安排，为课后服务的实施提供了标准化的操作流程。从课程内容的选择到教学方法的运用，从活动组织到学生管理，课程都提供了详细的实施指南和质量要求，确保服务过程的规范性和专业性。同时，课程实施过程中的各项要求也为教师的教学行为提供了具体指导，有助于提升教育教学质量。

在效果评价层面，课程建设为服务质量的评估提供了科学的标准体系。通过建立多元的评价机制，从不同维度对服务效果进行综合评估，既关注学生的学习成效，也注重其综合素养的提升。这种基于课程的评价体系，既能及时发现问题并加以改进，又能为服务质量的持续提升提供依据。

（三）课程是课后服务的发展引领

课程作为课后服务发展的引领者，主要体现在发展方向、创新动力和特色塑造三个维度。

在发展方向上，课程建设通过对教育理念、学生需求和社会发展趋势的深入研究，为课后服务的未来发展指明了方向。它不仅关注当前的教育需求，更注重对未来教育发展趋势的把握，引导课后服务向更高质量、更有特色的方向发展。

在创新动力方面，课程建设通过不断探索和实践，推动了课后服务模式的创新发展。通过引入新的教育理念和教学方法，开发特色课程和创新项目，不断丰富和完善服务内容，提升服务品质。课程创新为课后服务注入了新的活力，推动其持续发展和进步。

在特色塑造方面，课程建设是学校打造课后服务特色品牌的重要途径。通过开发具有学校特色的课程体系，形成独特的育人模式，不仅能够满足学生的个性化发展需求，还能够提升学校的教育品质和社会影响力。这种基于课程的特色发展，为课后服务的可持续发展提供了强有力的支撑。

同时，课程的引领作用还体现在其对教育资源整合和利用的推动上。通过课程建设，学校能够更好地整合校内外资源，优化资源配置，提高资源使用效率，为课后服务的高质量发展创造有利条件。

二、课后服务课程的作用

（一）夯实课后服务的教育基础

课后服务课程通过系统的规划设计和科学的实施机制，为课后服务的开展奠定了扎实的教育基础。从教育目标的维度看，课程建设明确了课后服务的培养方向和基本要求，通过构建多层次的目标体系，将立德树人的根本任务具体化为可实现的教育目标，形成了完整的育人目标体系。在教育内容方面，课程建设通过系统化的内容整合和序列化的进程安排，构建了科学的教育内容体系，既注重基础性要求的达成，确保对学科知识的巩固和提升，又关注拓展性内容的开发，为学生的兴趣培养和潜能发展创造条件。在实施机制层面，课程建设通过建立规范的运行机制和完善的保障体系，从师资配备到资源配置，从活动组织到过程管理，为服务质量的持续改进提供了制度保障。此外，课程建设还通过促进教师专业发展，不断提升教师的课程设计意识和教育能力，为课后服务的高质量发展提供了有力的人才支撑。

（二）提升课后服务的育人实效

课程建设通过优化育人方式、创新教育形态、完善评价机制等途径，有效提升了课后服务的育人实效。课程建设突破传统的单一教学模式，通过项目式学习、主题探究、实践体验等多样化的教育方式满足学生的不同需求，增强了学生的参与度和获得感。在教育形态创新方面，课程建设通过整合不同类型的教育资源，开发特色课程、组织社团活动、开展实践体验……为学生提供了丰富的学习机会和成长空间。同时，课程建设建立了科学的评价体系，通过多维度的评价指标和多元化的评价方式，既关注学生知识技能的掌握程度，也重视学习态度、行为习惯等非智力因素的发展状况，形成过程性评价与终结性评价相结合的评价机制。此外，课程建设还通过加强家校合作，建立家校沟通机制，邀请家长参与课程实施，形成了育人合力，提高了育人的针对性和实效性。

（三）彰显课后服务的特色内涵

课程建设通过特色化的设计和个性化的实施，充分彰显了课后服务的特色内涵。课程建设立足学校的办学理念和发展特色；通过系统的规划设计，构建了具有鲜明特色的课程体系，通过整合校本资源，开发了涵盖学科拓展、综合实践、传统文化、现代科技等多个领域的特色课程项目。在实施机制方面，课程建设通过创新管理模式，建立了灵活的运行机制和个性化的实施方案，在课程选择上实行“菜单式”管理，让学生根据兴趣和需求自主选择，在教学方式上采用多样化的形式，适应不同学生的学习特点。同时，课程建设还通过建立品牌化建设机制，总结推广优秀经验，培育特色项目，打造精品课程，形成一批具有示范引领作用的课程品牌，不仅提升了课后服务的整体水平，也增强了学校的教育影响力。

第三章

建构高质量课后服务课程体系

在深入分析课后服务课程价值的基础上，莲南小学立足实际，积极探索，构建具有莲南小学特色的课后服务课程体系，为学生提供优质多样的课后服务，以回应素质教育的时代要求，促进学生全面而有个性地发展。

第一节　课程理念

课程理念彰显了教育者对于教育宗旨、学生身心发展特点、课程内涵以及教学策略的深度认知和愿景。课后服务的核心在于打造一个学生能够继续深化学习、探索兴趣和提升技能的空间。

一、确立课程核心理念：根植自然，芬芳未来

深圳市莲南小学于1994年建校，位于深圳市罗湖区莲塘街道。学校

依托梧桐山国家森林公园、深圳市中国科学院仙湖植物园（以下简称仙湖植物园）的独特自然环境，以及莲南小学校名所蕴含的教育基因，在继承并发扬已有办学理念的基础上，将办学哲学定位为自然教育，致力于打造一所具有鲜明自然印记的特色学校。2015年9月，深圳市启动“四点半活动”的试点工作，深圳市莲南小学作为最早加入的试点学校，在减轻学生课业负担、解决家长接送难的问题上积累了丰富的经验，在区域内起到示范作用。2021年9月，深圳市罗湖区教育局为扩大优质教育规模，以莲南小学为牵头校，建立莲南教育集团，先后整合六所学校，莲南小学也因此迎来了高速发展的阶段。但是随着办学规模的扩大，如何推动学校高质量发展就成为新时期学校所面临的问题。在梳理已有办学经验的基础上，学校深入了解了学生、家长及社会对课后服务的实际需求，逐步梳理出课后服务存在“时间缺乏灵活性”“内容缺乏系统性”“主体缺乏协同性”等现实问题。在此基础上，学校提炼出“以多向服务育无限可能”的课后服务育人理念，旨在支持学生全面发展。在这一育人理念的指引下，学校深度开发校本资源，确立了“根植自然，芬芳未来”的课程理念。

“根植自然”体现了双重内涵：一方面是根植自然界，强调向自然学习，以自然为师。课程设计注重为学生提供走进自然、体验自然、融入自然的丰富机会，引导学生与自然和谐共处，形成尊重自然、保护自然、敬畏自然的意识。学生从自然中来到自然中去，在自然中学习，再将学习到的知识应用于自然，形成良性的学习循环。另一方面是根植人的自然发展，强调尊重学生的身心发展规律和认知特点，从学生的实际情况出发，在课程中体现以学定教的理念，激发学生学习的主观能动性，为每位学生提供适合其个性发展的教育路径。

"芬芳未来"寓意深远，不仅指向莲南学子在六年的学习中实现个性的自在舒展，收获面向未来发展的核心素养和关键能力，更着眼于培养学生适应未来社会的创新精神和终身学习能力。在面对快速变化的未来社会时，学生能够保持开放包容的心态，具备批判性思维和解决问题的能力，勇于探索、敢于创新，无所畏惧地走向未来。无论未来社会如何发展变迁，莲南学子可以凭借在校期间培养的综合素质，找到适合自己的发展道路，绽放属于自己的精彩人生。

这一理念既体现了学校对自然教育的深刻理解，也反映了学校对学生未来发展的深切关怀。通过"根植自然"与"芬芳未来"的有机统一，学校形成了独特的育人理念，为课程体系的构建提供了明确的价值导向和实践指引。这一理念的确立和实践，使莲南小学的教育特色更加鲜明，育人目标更加清晰，为学校持续发展奠定了坚实的思想基础。

二、深化课后服务内涵

（一）融通自然教育理念，丰富课后活动内涵

课程理念的落实不应局限于课堂教学的固定时空，而应当延伸至课后服务的各个环节。通过将自然教育理念融入课后活动，我们构建了一个让学生在自然中学习、与自然对话的教育场域。在课后活动中，我们精心设计了自然观察、植物栽培、生态探索等主题活动，让学生在动手实践中深化对自然的认知。活动设计注重趣味性与教育性的统一，在游戏化的活动形式中蕴含科学探究的精神。例如，通过组织"校园植物图鉴制作""生态环保小卫士"等特色活动，引导学生用心感受自然之美，培养环保意识。在日常的课后照管中，教师也会有意识地引导学生关注身边的自然变化，讲述植物生长的故事，分享生态保护的理念，让自然

教育理念渗透于学校生活的点点滴滴中。这种理念的融通不是简单的知识延伸，而是通过丰富多彩的课后活动，让学生在亲近自然、了解自然的过程中，建立起对自然的情感连接，形成热爱自然、保护自然的行为习惯。

（二）延展课程学习场域，拓展自然体验空间

课程的学习不应被教室的围墙限制，课后服务为拓展学习空间提供了更多的可能。我们充分利用校园环境，将每一处绿地都打造成自然课堂，让每一个角落都成为探索的起点。在校园里，我们建设了生态园、微型气象站、昆虫观察站等特色场所，为学生提供近距离接触自然的机会。这些场域的设计注重教育性与实用性的结合，既能满足学生的探究需求，又能激发他们的学习兴趣。同时，我们还积极开发校外自然教育资源，与社区公园、植物园、自然博物馆等机构建立合作关系，定期组织学生参与户外研学活动。在这些延展的学习场域中，学生可以突破教材的局限，获得更为直观和丰富的自然体验。教师则根据不同场域的特点，设计相应的学习任务和探究活动，引导学生运用课堂所学的知识和方法，深入观察和理解自然现象。这种学习场域的延展不仅拓宽了学生的视野，也为自然教育提供了更多可能性。

（三）加强学科融通互补，促进知识迁移应用

学校的课后服务课程与常规课程相比，通常以辅导型、拓展型、兴趣型、实践型等形式存在，更加契合学生的个性化发展需求。课后服务课程紧密联系学生的日常生活，展现出显著的综合性、实践性、体验性等特点，与常规课程共同构成了学生学习和成长的特定时空框架。常规

课程是遵循国家课程方案实施的正式课程，其主要作用是落实“五育”并重，教学内容侧重于基础知识。相比之下，课后服务课程是由学校主导，并与多方合作开发的非正式课程形式，它能够补充常规课程的不足，为学生提供自主选择的机会，增强常规教学成效，推动学生的个性化成长。《义务教育课程方案（2022年版）》指出：“各地各校要统筹课内外学习安排，有效利用课后服务时间，创造条件开展体育锻炼、艺术活动、科学探究、班团队活动、劳动与社会实践等，发展学生特长。”这意味着课后服务课程已被纳入义务教育课程的总体规划之中，有助于实现学校课程育人功能的整体优化。课后服务课程的开发与实施不应仅限于学校内部，而是需建立一个由学校引领、以教师为核心，并吸纳社会专业人士参与支持的协同育人共同体。学校应加强与社会机构的联动，通过联合开发、适当引进、个性定制等方式，丰富课后服务课程来源渠道，满足学生多样化需求。因此，课后服务课程的建设不仅要与常规课程相辅相成，共同促进学生的全面发展，更应当融入学校的整体课程体系，围绕教育培养目标，以学生实际需求为指引，与常规课程的教学内容、课堂讲授、作业安排、学业辅导、特色活动及社会实践等多方面形成紧密相连的整体。

（四）理顺知识实践关系，提升学习意义

课后服务课程虽与常规课程联系紧密，但二者仍有一定区别。常规课程侧重于“学科—知识—教学”的逻辑路径，遵循着明确的目标导向和计划控制模式。相比之下，课后服务课程则遵循“生活—体验—学习”的逻辑，着重于尊重学生的个性差异，满足其自主学习、自由活动及自我发展的需求。课后服务课程服务于学生的课后生活，将学科知识

与日常生活紧密结合，打破了学科界限，让学生在生活中发现学科知识的实际应用价值，从而增添了学习的趣味性和实用性。这种结合不仅有助于深化学生对学科知识的理解，还激发了他们探索未知的热情。

课后生活作为学校内的一种特殊状态，是学习与闲暇的融合，它以兴趣为基础，在有序地交往、体验、实践和探究中促进学生的全面发展。因此，课后服务课程在遵循一般学科逻辑的同时，更要发挥学校教育的导向作用，特别是在内容选择、计划组织和指导方面。更重要的是，学校需要重新设计学生的课后生活，增强学生的自主性、选择性和开放性，为他们保留自我发展的空间，以满足他们享受美好课后生活的需求。从实施过程来看，课后服务课程具有较大的自主性、灵活性和开放性，可以根据学校实际情况灵活安排组织形式、时间、场地，变革多样化的育人方式。目前，学校课后服务活动主要还是在校园内开展，但也须重视教育空间的拓展，鼓励学生走出校园，亲身体验周边的自然环境与社会环境，参与研学实践活动。这样的活动不仅能够加深学生对自然和社会的认知，还能让他们在实践中发现学科知识的实际应用价值，从而进一步强化学科知识与生活实践之间的内在联系。课后服务课程通过精心搭建学科知识与生活实践之间的桥梁，为学生打造了一个更为宽泛、多元且富有吸引力的学习空间，促使学科知识不再仅仅局限于教室之内，而是真正融入学生的日常生活之中。

第二节　课程目标

在课程目标的设定上，学校课后服务课程须紧密围绕学生核心素养的培育展开，秉持以人为本的教育理念，深度关注学生的生命价值与成长需求，致力于服务学生的全面健康发展。

一、“三位一体”的总体目标

（一）符合国家要求

课后服务课程目标的设定须严格遵循国家层面的指导原则，这构成了其价值取向的基石。然而，实践中不少学校因课程资源匮乏或家长对学生学业成绩的过度关注而将课后服务的宗旨简化为单一的作业管理与学业辅导，忽视了学生个性化发展与综合素养培育的重要性。为纠正这一偏差，学校在制定课后服务课程目标时，应深刻把握“五育并举、融合育人”的总体要求，并紧密衔接“双减”政策对课后服务的具体导向，以此为基础，围绕德智体美劳全面发展的教育理念，精心构建课后服务课程的目标体系，确保教育目标的全面性与均衡性。

（二）满足学生发展

作为学校常规课程的必要补充，其吸引力的大小直接关联着对学生和家长需求的尊重与回应程度。为此，学校可采取多元化的信息收集方式，如线上线下的问卷调查、集体讨论会议、个别深入访谈等，全面而精准地捕捉学生及家长的真实需求与期望，并将其作为设定目标的核心考量因素。在尊重并尽力满足合理需求的同时，学校亦需保持理性判断，避免盲目迁就非理性的或过度应试化的要求，应借助“双减”政策的实施契机，深化家校合作，引导家长树立科学、全面且可持续的教育观念。学校通过提供高质量的课后服务课程，不仅要满足学生及家长的既有需求，更要激发并引领更加健康、合理的教育需求，实现供需双方的良性互动与共同发展。

（三）彰显学校特色

每所学校都承载着独特的历史文化底蕴、师资力量、生源结构特征，以及丰富的校内外资源环境，这些因素共同构成了课后服务课程开发和实践的现实根基与独特优势。学校应着眼于国家课后服务相关政策的发展趋势，以及学生自身发展的个性化需求，努力在现有政策框架下创新和优化课后服务，进一步提升服务质量和效率，促进学生核心素养的发展。莲南小学立足实际，以自身的办学理念和办学哲学为引领，设计了体现学校特色的课后服务课程育人目标。学校以课程建设与实施为抓手，在自然教育这一办学哲学的指引下，紧密结合学校的办学理念和育人目标，深度开发校本资源，基于“安全第一、作业优先、兴趣为本、活动育人”的原则，打造了重基础、巧拓展、扬个性、强实践的课后服务课程内容。学校将品德、智慧、体魄、艺术等多方面素养融入课后服务课程中，树立“五育并举”的培养目标，致力于培养以“品正如莲、智睿若水、体健似山、自然天成”为核心目标的未来少年。同时，学校这四大核心目标细化为八大课程目标：品行端正，大方得体；勤学上进，才思敏捷；身强体健，砥砺坚韧；热爱生命，知美尚美。此外，学校还结合学生需求进行课程的分类设置，实现了课后服务的优化升级。

二、适切精准的具体目标

课程目标是课后服务实施的指南针和风向标，是育人目标的具体化和可操作化表现，体现了学校对学生通过课程学习获得何种发展结果的预期。科学合理的目标设计对确保课后服务的教育质量和育人实效具有重要意义。课程目标以学生为主体，既表达了学校育人的要求与期待，又体现了学校的办学哲学。作为连接培养目标与课程的桥梁，课程目标的设计要坚持分类分层原则，做到精准定位、因材施教。一方面，要根据不同类型课程的特点和功能，分类制定相应的目标要求；另一方面，要针对不同层次学生的实际水平和发展需求，设计难度适中、循序渐进的具体目标。通过目标的分类分层设计，既能保证课程整体目标的科学性和系统性，又能体现对不同学生个性化发展需求的关注和回应。学校基于培养目标的内涵提炼出的八大课程目标（见图3.1）能让学生循着课程的路径，最终通往梦想的彼岸。

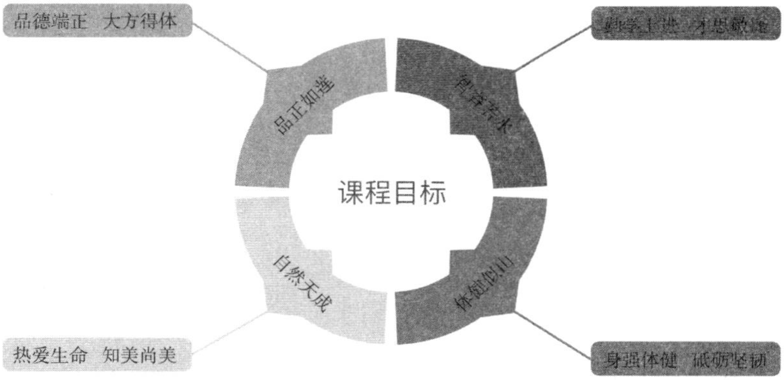

图3.1　八大课程目标

在八大课程目标的基础上，按照学生在小学不同阶段的发展规律，对每一项课程目标进行阶段性的设置，使课程目标能够符合学生身心发展规律，促进学生全面发展，以及体现学校的自然教育理念（见表3.1）。

表3.1　八大课程目标的阶段性设置

课程目标	低年段 （1～2年级）	中年段 （3～4年级）	高年段 （5～6年级）
品行端正	诚实守信，养成文明的行为习惯，亲近自然，爱护动植物，保护环境。	诚信正直，初步形成规则意识，关爱自然，珍惜资源。	自尊自律，初步形成法治意识，崇尚公平公正，尊重自然，保护生态。
大方得体	懂礼貌，懂得生活中的基本礼仪，尊重并珍惜他人劳动成果。	讲道德，懂得公共场所的基本礼仪，态度自然不拘束，学会尊重与欣赏他人。	知谦逊，懂得不同地区或国家的礼仪，尊重不同的社会群体，平等相待。
勤学上进	初步形成良好的学习习惯，在教师及家人的引导下广泛阅读。	具有主动学习的意识，能根据个人兴趣广泛阅读，主动探究有疑惑的知识。	能有条不紊地进行学习，能根据对知识的需求广泛阅读，保持在学习中的好奇心。
才思敏捷	能较多地观察身边的事物，掌握基础的学习方法，有效应对本阶段的学习。	初步具备知识迁移的能力，能发现事物间的联系与区别，并能验证。	灵活运用各学科知识，能从多角度思考，具有批判质疑的精神。
身强体健	了解体育卫生知识，初步形成运动意识，在自然或校园中体验不同的游戏化运动项目。	体态良好，养成运动习惯，在参与运动时灵活、敏捷，能在自然环境中参加不同的运动，并能适应变化。	运动方法合理，发展身体各项机能，能在不同的自然环境中参加体育运动，并能适应环境的变化。
砥砺坚韧	经常参加锻炼，在体育健身中基本能坚持下来，乐于展现自我。	主动参与锻炼，在体育健身中能够克服困难，展示自我。	自觉参加体育运动，在体育运动中不畏困难、坚强勇敢、自信向上，敢于挑战，敢于展示自我。

续表

课程目标	低年段（1～2年级）	中年段（3～4年级）	高年段（5～6年级）
热爱生命	认识生命，适应与融入学校环境，初步建立与老师同学的人际关系，形成“学生”的角色意识。	热爱生命，善于人际交往，适应社会的能力有所提升，具有自我保护的意识。	初步形成生命观，具有积极的人生态度，发展自我意识，具备青春期知识，能够合理表达情绪、处理情绪。
知美尚美	能感知自然之美，积极参与艺术活动，享受自然之美、体验艺术的乐趣。	会表达自然之美，发现自己在艺术中的兴趣点，并能用感兴趣的艺术形式表现对自然、生活的感知。	能欣赏自然之美，能用艺术丰富个人生活，形成热爱生活、热爱自然的意识。

第三节　课程结构

课程结构是课后服务课程体系的基本框架，直接影响课程实施的质量和效果。本节从课程内容和时间结构两个维度构建课后服务的课程结构体系。在内容维度上，通过培根课程、汲养课程、展叶课程、芬芳课程四大课程的设计，形成基础性、拓展性、个性化和实践性相统一的课程内容体系；在时间维度上，通过“两段式”和“3+1+1”模式的创新，实现时间资源的科学配置和合理利用。这种内容与时间的双重结构设计，既确保了课程的丰富性和系统性，又保证了课程实施的科学性和可操作性，为课后服务的高质量发展提供了结构性支撑。

一、整合设计课程内容

课后服务是学校常规教育教学活动结束后，帮助家长解决按时接送子女困难而实施的托管服务。学校作为课后服务的实施主体，主要通过多元化的课程供给来满足广大家庭的课后服务需求，这既是课后服务规范化建设的内在要求，也是学校的独特性所在。而当前一些学校设计的课后服务课程目标浅表化、课程内容碎片化、课程实施常规化、课程评价薄弱化，表现为课程建设无序，导致总体课程质量不高，难以满足学生个性化发展需求。基于此，莲南小学系统整合现有教育资源，遵循自然教育哲学和全人教育思想，构建了“自然·芬芳”特色育人课程体系（见图3.2）。该课程体系主要包含培根课程、汲养课程、展叶课程、芬芳课程，分别指向学生必备知识、关键能力、艺术素养、综合技能的培养和获得，旨在为学生基础性发展、多样性发展、个性化发展和自主性发展提供支持。

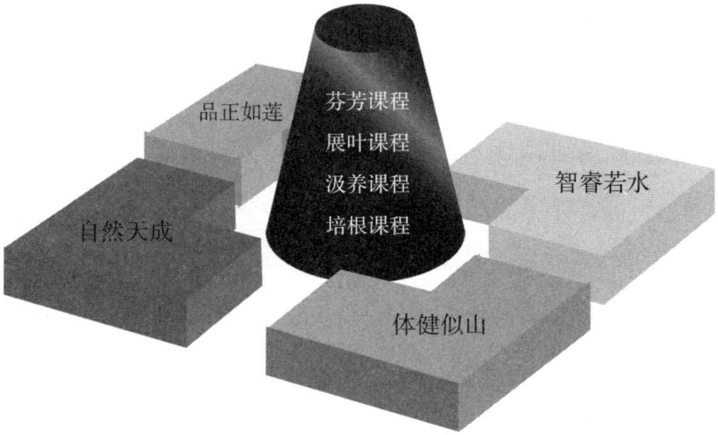

图3.2 “自然·芬芳”特色育人课程体系

（一）培根课程——基础性

培根课程对应着学生发展的基础性需求，指如同培育植物的根系一样，需固本培元，为学生打下坚实的知识与技能基础。在课后服务中，培根课程侧重于基础知识与技能的传授与巩固，确保每位学生都能掌握学科核心概念与基本技能。这类课程指向必备知识的获取，是全体学生共同学习的基础性任务，其目的是使学生在面对与学科相关的生活实践或学习情境时，能够构建认识问题、分析问题与解决问题的知识网络，为学生的一生打下坚实的根基。这种基础性知识的获取不仅关系到学生当下的学习成效，更是其未来发展的关键所在。

例如，每周三次的自主作业是莲南小学课后服务的主要内容，学校精心安排语文、数学、英语或科学教师来辅导学生作业，对学习有困难的学生进行学科辅导和答疑。教师当面批改作业，查缺补漏，进行有针对性的辅导，减轻学生作业负担。教师充分利用课后服务时间，让学生在校完成所有的家庭作业，这不仅减轻了家长的辅导监督压力，也为学生留足了课余时间供其自由安排，切实落实“双减”政策要求，促进了学生全面健康发展。在此过程中，教师采取多种方式开展教学活动：通过采用启发式、互动式教学方法，极大地激发了学生的学习兴趣和主动性；通过设计生动有趣的教学情境，将抽象的知识具象化，帮助学生更好地理解和掌握基础知识。同时，教师也注重培养学生的学习方法，教会他们如何学习，为终身学习奠定基础。此外，教师通过分层施教、个别指导等方式，确保每位学生都能掌握核心知识要点，打牢学习基础；通过系统的基础知识教学和个性化的辅导答疑，让每位学生都能在知识的海洋中稳步前进，找到适合自己的学习节奏和方法；通过合理安排课后服务时间，既保证了基础知识的巩固提高，又为学生的个性化发展预留了空间，实现了教育教学的双赢目标。这种教育理念和实践模式，不仅响应了国家教育改革的要求，更为学生的终身发展奠定了扎实的知识基础和能力基础。

每位学生都像是一粒蕴含无限生机的“莲”的种子，他们的成长需要良好的土壤和精心的培育。教师要像园丁一样，根据学生的生长速度培育其根系，让一朵朵小莲花逐渐盛开。这个过程需要耐心和智慧，既要尊重学生的个体差异，又要保证基础知识的系统性和完整性。培根课程以国家课程、地方课程为基准，以学生发展为本，通过夯实基础，把握教材本位价值，打好学生一生基础，建立学生人生的根基。

（二）汲养课程——多样性

汲养课程对应着学生发展的多样性需求，象征着为学生心灵提供养分，拓宽其视野、发散其思维。在课后服务中，汲养课程注重培养学生的阅读兴趣、创新思维与交流能力，丰富学生的精神世界。这种能力的培养不是单一的技能训练，而是一个系统化、多维度的教育过程，需要学校、教师、学生多方共同努力。

例如，每周一次的中华诗教课程是学校的特色课程，低年段的学生能够吟唱或背诵《三字经》《百家姓》《诗经》及小学阶段绝大部分的古诗词；中年段的学生能够理解文言文，学习中华经典古文；高年段的学生能独立鉴赏诗词，还可以写诗。此外，各学科教师还开发了一系列与学科相关的拓展性课程，如数学王国课程、趣味英语课程、一起玩科学课程等。汲养课程不仅补充了常规的课内学习，还能增强课后服务的吸引力，使学生的学习重心更多地集中在学校。汲养课程中饱含充足且多元的养分，能满足不同成长阶段、不同特点的学生发展需求。对于学有余力的学生，学校提供特色课程，进一步拓展其学习空间，让学生能够更加茁壮地成长，绽放独特的魅力。学校精心设计的特色课程体系涵盖多个领域：中华诗教课程注重培养学生的人文素养和审美能力，让学生在诗词的熏陶中感受中华文化的美妙；数学王国课程培养学生的逻辑思维和问题解决能力，通过趣味性的数学探索激发学生的学习兴趣；趣味英语课程着重提升学生的语言应用能力和跨文化交际能力，创设生动有趣的语言环境；一起玩科学课程则培养学生的科学探究精神和实践创新能力，让学生在动手实验中体验科学的奥妙。

特色课程的开设不仅拓宽了学生的学科思维，更提升了学生运用学科知识或技能分析和解决问题的综合能力。在课程实施过程中，教师注重采用项目式学习、探究式学习等方法，引导学生主动参与、深入思考、勇于创新。通过多样化的学习活动和实践体验，学生得以在各个领域展现才能，发现自己的兴趣所在。为确保特色课程的教学质量，学校建立了完善的课程评价体系，通过过程性评价和终结性评价相结合的方式，全面考查学生的学习成效。同时，学校也注重收集师生反馈，持续优化课程内容和教学方法，使课程更好地适应学生发展需求。通过系统的课程设计和科学的教学实施，学生的各项关键能力得到全面提升，学习的积极性和主动性显著增强。这种注重多样性发展的教育模式，既体现了素质教育的理念，也为学生的终身发展奠定了坚实基础。每位学生都能在这片教育沃土中找到适合自己的生长空间，像莲花一样自然舒展，绽放异彩。

（三）展叶课程——个性化

展叶课程对应着学生发展的个性化需求。每位学生都有自己的兴趣和特长，就像不同的植物有不同的叶子形状和生长方式。展叶课程强调个性化教育，鼓励学生根据自己的特点和兴趣发展，实现个性化成长。

在课程设置上，学校坚持以学生发展为本，精心设计符合学生年龄特点和认知规律的活动内容。例如，每周开展一次社团活动，形成以校内教师为主、家长为辅、社会力量补充的师资力量，经过课程开发和论证，为学生提供五大类选修课程，即体育竞技类、科技创新类、艺术审美类、生活技能类、语言运用类共50余门社团课程。社团课程以自主选课的形式展开，将有相同兴趣的学生汇聚一堂，打破了班级和年级的界限，真正做到了“一生一课表，一生一特长”。学校通过课后服务开展社团课程，为学生提供了更加广阔的学习和发展空间，不仅体现了学科融合的特征，更突出了育人导向，让教育回归本真；通过组织参观博物馆、科技馆等场所，让学生在实地考察中培养观察力和探究精神；通过开展手工制作、科技创新等实践活动，培养学生动手能力和创新思维；通过邀请各行各业的家长走进课堂，分享职业经历和人生感悟，拓宽学生视野，培养职业认知……这些形式多样、主题丰富的课程活动，让学生得以以整体、联系的眼光看世界，以综合的方法和技能解决实际问题。在课后服务中，学生可以根据个人兴趣和特长自主选择参与方向，有的在科技创新中展现科学头脑，有的在艺术表演中展示才艺风采，有的在社会实践中培养领导才能，充分展现出不同方向的生命力。通过这种因材施教的方式，每位学生都能在个人成长与能力发展的过程中找到适合自己的发展路径，实现自在舒展。

课后服务的开展不仅丰富了教育内容，还树立了面向全体学生、促进学生全面发展的教育理念。通过整合校内外教育资源，营造良好的育人环境，学校让每位学生都能在多样化的学习体验中收获成长的喜悦，达到德智体美劳全面发展的目标。这种教育模式既响应了新时代教育改革的要求，也满足了家长对优质教育的期待，更为学生的终身发展奠定了坚实基础。

（四）芬芳课程——自主性

芬芳课程对应着学生发展的自主性需求。芬芳象征着学生个性的张扬与创造力的释放，如同花朵盛开般展现个人风采。这类课程强调通过亲身体验与探索，展现自己的风采与才能，在实践中学习、在探索中成长。

芬芳课程侧重社会实践活动与项目式学习，鼓励学生将所学知识应用于解决实际问题。通过依托周边丰富的教育资源，学校将课后服务的课程范围拓展至校园之外，开展形式多样的项目式学习或主题教育。莲南小学将仙湖植物园作为学生的自然教育实践基地，聘请仙湖植物园的科学家为自然教育顾问。此外，学校还把周边的梧桐山国家森林公园、深圳市罗湖区中医院的百草园作为学校的校外科普实践基地，让学生在感受自然的过程中，乐于探究，树立尊重自然、顺应自然、保护自然的价值观，促进人与自然和谐共生；同时组织学生参观附近的历史文化遗址，开展实地考察和研究；走进社区，了解社会生活，参与公益服务；走进自然，观察记录生态变化，培养环保意识。这些创新性的教育举措让学生在真实的环境中获得沉浸式学习体验，既能加深对知识的理解，又能拓宽视野、发散思维，培养解决实际问题的综合能力，实现了教育与生活的深度融合。同时，学校积极顺应时代发展趋势，密切关注学生成长需求，将时下最受欢迎的优质课程资源引入校园，作为校本课程的有益补充。比如，引进编程、机器人、创客教育等新兴科技课程，开设艺术特长培训、体育竞技等特色项目，实现校内外教育资源的有机整合，丰富课程内容。这样的课程设置让学生不出校门就能享受到丰富多彩的优质教育资源，体验精彩纷呈的学习活动。

通过构建良好的课后服务育人环境，学校不仅促进了学生的多元化成长和可持续发展，更推动了延时服务特色教育的纵深发展。这种创新性的教育模式得到了家长和社会的广泛认可，进一步提升了学校的办学质量和社会影响力，使学校逐步发展成为一所特色鲜明的品牌化学校。在这样的教育环境中，莲南小学就像一座充满生机与活力的花园，散发出自然的芬芳。校园中的每一位成员——无论是教师还是学生——都能在这里书写属于自己的精彩故事，培养丰富的情感，发展多样的兴趣爱好，最终成长为知识、品格、能力全面发展的完整的人。学校的育人理念和实践充分体现了新时代教育改革的方向，既注重知识传授，又关注能力培养；既重视共同基础，又尊重个性发展；既传承优秀传统，又拥抱时代创新。这种全方位、多层次的教育实践，为学生的终身发展打下了坚实基础，也为基础教育改革探索出了一条富有特色的发展路径。

二、科学配置课程时间

莲南小学在完整的课程体系基础之上，创新性地提出“两段式”和“3+1+1”的课后服务模式，构建了多层递进的时间结构体系。“两段式”是对课后服务时间的整体规划，将每日课后服务时间分为自主作业和自主活动两个阶段，体现了对不同类型学习活动的科学安排。在自主活动阶段，学校进一步创新设计了“3+1+1”模式，“3”即周一至周三开展自主阅读、中华诗教和自然教育三项固定课程，第一个“1”指周四进行自主选修社团课程，第二个“1”指周五开展阳光体育活动，在此基础上，形成了层次分明、内容丰富的课后服务体系。这种时间结构的设计，既确保了基础性课程的稳定实施，又为学生提供了多样化的学习体验，充分体现了课后服务的系统性和灵活性。

（一）“两段式”

“两段式”作为莲南小学课后服务的一大特色，主要分为自主作业阶段和自主活动阶段。

1. 自主作业阶段

在自主作业阶段，教师转变传统的讲授角色，主要通过桌间巡视的方式为学生提供及时的答疑解惑。教师在学生面前批改作业，使学生能够及时发现和纠正错误，通过面对面的互动，帮助学生查缺补漏，有效减轻学生的作业负担。学校在这一阶段精心安排语文、数学、英语或科学等学科教师轮流值班，确保学生在完成作业的过程中遇到的各学科问题都能得到专业的指导。对于学习有困难的学生，教师会提供更多的关注和帮助，通过一对一或小组辅导的方式，帮助他们攻克学习难点。

为提高学习效率，学校创新性地实施了“限时完成”和“小先生制”两项举措。“限时完成”旨在培养学生合理规划时间和提高学习效率的能力，避免学生过分拖延或过度依赖他人。“小先生制”源于陶行知先生的教育思想，最初是为了解决教师资源紧缺的问题而创设的教学形式，即让已经掌握知识的学生帮助其他同学学习。这一制度强调“先学后教”和“即知即传”的理念，不仅能缓解教师工作压力，还能促进学生的深度学习。在实施“小先生制”的过程中，“小先生”在教授他人时需要对知识进行重构和再理解，这种教学相长的过程有助于知识的深化和巩固。担任“小先生”的学生能够培养自身的责任感和表达能力，而接受帮助的学生也能在同伴的教学中获得更好的学习体验。这种同伴学习模式不仅能在一定程度上缓解课后服务中师资短缺和教师工作负担过重的问题，更重要的是能够充分体现“以学生为本”的教育理念，发挥学生的主观能动性。

此外，学校还注重营造轻松愉快的学习氛围。教师会根据学生的实际情况，适时组织小组讨论或问题研讨，鼓励学生之间互相交流、互帮互助。这种开放性的学习环境有助于培养学生的协作能力和沟通能力。学校还建立了激励机制，对表现优秀的“小先生”和进步显著的学生给予适当的表扬和鼓励，激发学生参与的积极性。通过这些精心的安排和制度设计，自主作业阶段不仅可以帮助学生高效完成作业，还培养了学生的自主学习能力、独立思考能力和协作能力，为学生的全面发展奠定了良好的基础。这种模式的成功实践，为课后服务的组织形式提供了可供借鉴的范本。

2. 自主活动阶段

自主活动阶段是课后服务的重要组成部分，是对自主作业阶段的有机延伸和深化。这一阶段主要通过开展丰富多彩的活动，为学生提供全面发展的机会，有效提升了学生的综合素质。

在课程设置上，自主活动阶段突出多样化和选择性。学校根据学生的年龄特点和兴趣需求，开设了艺术类、体育类、科技类、人文类等不同类型的活动课程。艺术类活动包括音乐欣赏、合唱、绘画、书法等，旨在培养学生的艺术素养和审美能力；体育类活动涵盖篮球、足球、乒乓球、武术等，注重学生体质的提升和运动技能的培养；科技类活动设有编程、机器人、科学实验等项目，旨在激发学生的创新思维和探究精神；人文类活动包括阅读、演讲、棋类、手工等，旨在促进学生人文素养的提升和思维能力的发展。

在组织形式上，采用“固定+机动”的灵活方式。固定活动保证学生能够持续参与某一领域的学习，形成稳定的兴趣，习得较为系统的技能；机动活动则允许学生根据个人兴趣进行轮换体验，拓宽视野，发现潜能。同时，学校注重发挥教师特长，鼓励教师根据自身专业特点开展特色活动，并适当引入校外优质资源，丰富活动内容。

在活动实施上，强调以学生为主体，充分尊重学生的选择权和参与度。教师在活动中主要起引导和支持作用，为学生创造自主探索和实践的空间。活动过程中注重培养学生的合作能力和创新精神，通过小组合作、项目探究等方式，促进学生在互动中学习和成长。同时，建立活动评价机制，定期展示活动成果，激发学生参与的积极性。

在时间安排上，根据学生的身心特点，合理设置活动时长，把握节奏，避免学生产生疲劳感。通过科学的课程编排，不同类型活动的均衡性得到了保障，如此既能保证学生得到充分的锻炼和放松，又能实现多方面能力的提升。此外，学校还注重收集家长和学生的反馈意见，及时调整和优化活动内容，不断提高活动的针对性和实效性。

（二）“3+1+1”的内容配置

为了丰富学生的课余生活，提高他们的综合素质，莲南小学设计了“3+1+1”的课后服务模式。

1.“3”——周一至周三的固定课程

“3”代表周一至周三，学校提供自主阅读、中华诗教、自然教育三项固定课程。通过自主阅读，学生可以拓宽知识视野，提升阅读理解能力；中华诗教则让学生领略中华文化的博大精深，培养审美情趣；自然教育则带领学生走进大自然，感受自然的魅力，培养环保意识。学校充分利用周边资源，把仙湖植物园作为自然教育实践基地，利用课后服务时间，以班级为单位组织学生去仙湖植物园开展实地学习，把仙湖植物园的科学家聘为学校的自然教育顾问，以天地为课堂，以万物为教材，为学生提供全科课程解决方案。同时，学校把植物园“搬”到校园内，建立了微型植物园——馨梦园，开展植物种植及养护课程。此外，学校还把周边的梧桐山国家森林公园、深圳市罗湖区中医院的百草园也作为课后服务实践基地。

2.第一个“1”——周四的自主选修社团课程

“3+1+1”模式中，第一个“1”指的是周四开展的自主选修社团课程。除了学科课程之外，课后服务适当开展特色课程，如社会综合实践活动、家长进课堂等，能够满足学生个性化发展的需求，提升学生的核心素养。在每周四开展的两课时社团活动中，为减轻学生作业负担，学校在深圳首提“周四无作业日”，设置体育竞技类、科技创新类、艺术审美类、生活技能类、语言运用类共50余门社团课程，旨在以体育竞技类课程帮助学生塑造健康体魄，以科技创新类课程培育学生创新思维，以艺术审美类课程发展学生的审美与创造能力，以生活技能类课程锻炼学生的动手实践能力，以语言运用类课程提升学生的表达能力。学生可以根据自己的兴趣和特长自主选择参加。这一安排不仅满足了学生的个性化需求，也促进了学生的全面发展。

3. 第二个“1”——周五的阳光体育活动

体育活动是学生身心健康发展的重要组成部分，是课后服务中不可或缺的内容。学校通过阳光体育活动，为学生提供丰富多彩的体育锻炼机会，促进学生体魄健康发展。在活动项目的设置上，学校充分考虑不同年龄段学生的身心特点和兴趣爱好，精心设计了一系列体育项目供学生选择，包括篮球、足球、田径、国际象棋、毽球、围棋、武术、跆拳道、网球、射艺、高尔夫等，既有传统体育项目，也有新兴运动项目。

阳光体育活动的开展不仅帮助学生增强了体质，释放了学习压力，更重要的是有助于培养学生终身体育的意识和习惯。通过参与体育活动，学生们学会了自我锻炼的方法，体验到运动的乐趣，养成了健康的生活方式。这些体育活动的开展，为学生的全面发展奠定了坚实的基础，真正贯彻了“健康第一”的教育理念。这种集多样化、趣味性和规范性于一体的体育活动模式，不仅丰富了课后服务的内容，也为其他学校开展体育活动提供了有益的借鉴。随着活动的深入开展，学校将继续完善活动内容，创新活动形式，为学生提供更多优质的体育锻炼机会。

通过“两段式”与“3+1+1”模式的结合，学校科学划分了课后服务时间，合理安排了学生喜欢的课后服务课程。在时间安排上，既确保了作业的高效完成，又为学生的兴趣发展提供了充足空间；在内容设置上，既保证了基础性学习的需求，又满足了学生多样化的发展诉求；在实施方式上，既发挥了教师的专业指导作用，又充分调动了学生主动参与的积极性。这一创新实践不仅减轻了学生的学业负担，也提升了他们的综合素质，有利于培养兴趣特长。同时，这种模式的成功实践也为学校的课后服务工作注入了新的活力，实现了教育效果和育人成效的双重提升。实践表明，科学合理的时间结构设计是课后服务取得实效的重要保障，是推动课后服务高质量发展的关键举措。这一模式的探索和实践，赢得了学生和家长的广泛好评，为其他学校开展课后服务提供了有益借鉴。

第四章

多元协同的课后服务实施体系

第一节　课后服务实施的多重原则

课后服务要为学生减轻作业负担与校外培训的负担，保证学生充足的睡眠，促进其增强体质，发展个人兴趣特长。莲南小学在开展课后服务工作的过程中，先后召开13次专题会议，进行了4次问卷调查，确立了课后服务坚持安全第一、作业优先、兴趣为本、活动育人等实施原则。

一、安全第一

安全是一切教育活动开展的前提和基础，在课后服务中体现安全第一原则尤为重要。首先，学校建立了完善的安全管理制度，包括学生进出校园管理制度、课后服务人员职责分工制度、突发事件应急预案制度等，确保每个环节都有明确的安全保障措施。其次，学校加强了师资队伍的安全意识培训，定期组织教师学习安全知识，提高安全防范能力和应急处置能力，使每位参与课后服务的教师都能够认真履行安全职责。再次，学校注重对活动场地和器材设施的安全检查，建立每日巡查制度，及时发现和排除安全隐患。同时，学校还特别关注学生在参与各类活动时的安全，科学设计活动内容和难度，根据不同年龄段学生的身心特点，合理安排活动时间和强度。此外，学校还注重加强与家长的沟通联系，建立了完善的接送制度和请假制度，确保学生能够安全到校、安全离校。学校通过家校联动的方式，共同营造安全的课后服务环境。最后，学校建立了安全评估和反馈机制，定期开展安全隐患排查，及时总结安全工作经验，不断完善安全保障措施，切实保障学生在课后服务期间的人身安全。

二、作业优先

作业是巩固课堂所学知识、培养学习能力的重要途径，也是课后服务的重要内容之一。首先，学校建立了科学的作业管理机制，严格控制作业量，确保作业难度适中，避免学生产生厌学情绪。其次，学校合理安排作业时间，将自主完成作业作为课后服务的第一阶段，让学生在精力相对充沛的时候完成作业。再次，学校配备优质的教师资源，由学科教师和班主任轮流值班，为学生提供及时的作业指导和答疑服务，帮助学生解决作业中遇到的困难。同时，教师注重培养学生良好的作业习惯，指导学生合理规划时间，提高作业效率。此外，学校还建立了作业完成情况的检查和反馈机制，及时了解学生的作业完成质量，针对性地进行辅导；教师还会根据学生的实际情况，为学习有困难的学生提供个别化指导，帮助他们查漏补缺。最后，学校注重与家长的沟通，定期反馈学生的作业完成情况，共同督促学生认真完成作业，养成良好的学习习惯。

三、兴趣为本

兴趣是最好的老师，在课后服务中坚持兴趣为本的原则，可以有效激发学生的学习热情和创造潜能。首先，学校广泛征集学生和家长的意见，了解学生的兴趣爱好和特长发展需求，科学设计课后服务的内容。其次，学校开发丰富多样的课程资源，包括艺术类、体育类、科技类、人文类等不同类型的课程，为学生提供多样化的选择。再次，学校注重因材施教，根据学生的个性特点和发展需求，提供个性化的指导和帮助，让每位学生都能找到适合自己的发展方向。同时，学校积极引进校外优质资源，聘请专业教师开设特色课程，拓展学生的兴趣。此外，学校还建立了动态调整机制，根据学生的反馈和参与情况，及时优化课程设置，确保课程内容始终符合学生的兴趣和需求。最后，学校注重创造展示平台，通过举办各类展演、比赛等活动，让学生有机会展示自己的兴趣特长，增强自信心，激发持续学习的动力。

四、活动育人

活动育人是课后服务的重要教育理念之一，即通过丰富多彩的活动实现育人目标。首先，学校坚持德育为先，将社会主义核心价值观融入各项活动中，培养学生正确的价值观和良好的品德修养。其次，学校注重活动的教育性，精心设计活动内容，确保每项活动都具有明确的育人目标和教育价值。再次，学校强调活动的实践性，通过多样化的方式让学生在实践中学习，在体验中成长。同时，学校注重活动的综合性，将知识学习、能力培养、品格塑造等多个维度有机结合，促进学生的全面发展。此外，学校还重视活动的创新性，鼓励学生发挥创造力，培养创新思维和问题解决能力。教师在设计活动时，注重激发学生的主动性和参与性，让学生真正成为活动的主人。最后，学校建立了活动评价机制，通过多元化的评价方式，全面反映学生在活动中的表现和进步，引导学生在活动中实现自我教育和自我提升。

第二节　课后服务实施的“四维协同”策略

学校积极探索并创新育人机制，力求构建更加灵活、多元、协同的教育环境。为此，学校创建了“弹性时间、弹性空间、弹性师资、弹性课程”的四维协同育人机制，以期为学生提供更加个性化、多样化的学习体验，促进他们的全面发展。

一、弹性时间

（一）弹性时间的来源及理论基础

“弹性上下班制”又叫“弹性工作制”，起源于20世纪60年代的德国，旨在通过改变固定的工作时间、采取错峰上下班的形式解决交通拥堵问题。当时是基于时间视角提出的。20世纪70年代，弹性工作制拓展到不同国家，并流行于欧美。到21世纪，弹性工作制蔓延至全球，也从最初的时间弹性工作制不断拓展出不同的形式，但教师弹性工作制主要还是指时间弹性工作制。“双减”政策颁布后，义务教育阶段的教师工作呈现出许多新的特点。一方面，“双减”政策要求对学校的工作内容进行变革，对义务教育提出新要求，如鼓励学校开展课后服务等；另一方面，“双减”政策要求学校在教育目标上寻求突破，力求减负、提质和增效，要求学校全面压减学生作业总量和时长，同时要求教师要在课后服务时间对学生学业进行个性化辅导。这直接延长了教师在校工作时间，让他们在客观上承受着巨大的工作时间压力，尤其是小学教师，工作时间问题已十分凸显。所谓工作时间压力，是指个体在工作中体验到的时间压力，通常与繁重的工作要求有关，一般可以根据其持续时间的长短分为长期性工作时间压力和暂时性工作时间压力。此外，个体工作时间压力持续时间的长短也会使个体产生不同的工作态度和不同的工作行为。个体通常视暂时性工作时间压力为一种挑战，因此工作专注，应对时间压力的动力和积极性较高；但长期性工作时间压力会消耗个体能量，使个体产生焦虑情绪，从而导致个体降低工作参与度、离职等行为。

虽然弹性工作制存在潜在的负面影响，但众多研究者依旧坚信其积极作用更大。一些比较成熟的理论偏向于支持弹性工作制利大于弊。边界理论认为，个体需要创造并维持各种边界。弹性工作时间的实施有利于个体构建角色边界，可以帮助个体通过各种边界对个人的时间进行区分和安排。资源保存理论指出，个体总是努力获得和维持个人认为有价值的资源，如工作自主权、工作控制权等。基于该理论，学者认为弹性工作制中的各种弹性安排可以让个体以个人觉得更加有效的方式安排个人工作时间。此外，人类生态学理论认为，个体行为选择的主要目的是更好地适应生存环境。当外界环境发生变化时，个体会努力进行自我调适，使自己与环境变化相协调，以更加有效的应对方式适应环境的变化，但周围的人是否采取同样或类似的行为会影响个体决策。以上理论说明，弹性工作制是一种民主的管理制度，有利于降低学校管理者对教师工作考勤管理的难度，增强教师工作的主动性和活力。

（二）弹性时间在课后服务中的具体实施

弹性工作制是充分给予学校一定的办学自主权的体现，在一定程度上可作为缓解教师工作时间压力的时间管理方法。学校从弹性工作制的概念、发展、理论和相关研究出发，立足"双减"政策中课后服务等政策的实施对小学教师工作时间产生的影响，提出推行弹性工作制。教师可以充分利用时间自主权根据实际情况弹性上下班，以缓解教师工作时间压力，推动"双减"政策更好地落地。莲南小学创新性地以"积分银行"制度作为撬动课后服务教师积极性的支点，解决师生时间与精力难协调的问题。

1.教师弹性工作时间制度——减压提质

马克思认为："时间实际上是人的积极存在，它不仅是人的生命的尺度，而且是人的发展的空间。"莲南小学为保证教师成长、生活的自由时间，依托于数字化智慧平台，成立教师的时间"积分银行"。此平台不仅汇聚"管、备、教、学、研、评"等教育数据流，能为家庭、学校、社会提供全过程、一站式课后服务，也能针对教师签到、请假、出勤、离校等数据进行智能化管理。教师每参与1小时课后服务就能获得1分，并计入"积分银行"账户。通过数据看板，每位教师当月的积分一目了然。教师可以利用"积分银行"的积分兑换弹性工作时间，具体分为弹性调休和弹性上班。弹性调休是指当"积分银行"中满一定分值时，每个月都可兑换半天的带薪机动假，教师请假和调休只需在手机数字化平台上一键操作。而弹性上班指的是，前一天有课后延时服务的老师，如果第二天早上没有早读任务，可以根据自己的工作情况适当推迟到校1小时。落实“积分银行”创新机制需要切实的时间保障。一方面，学校将全体教师大会减少到一学期1～2次，把时间用在刀刃上；另一方面，期初排课表时，学校特意为每个学科留出整个半天没课的时间，而这个半天都能集中用来召开科组教研会。学校以会议的一减一增，落实减负提质的目标。

2. 学生弹性离校时间制度——便利家长

莲南小学的家长多为双职工，家长下班时间与学生放学时间存在冲突，遇特殊情况更无法按时接回学生。在课后服务工作中，学校特别推出了学生弹性离校时间制度，旨在解决家长因工作节奏与学生放学时间不协调而产生的接送难题。这一制度的实施，不仅极大地便利了家长，也为学生提供了更加灵活、个性化的课后服务。

在深入调研家长需求的基础上，学校充分考虑家长的工作节奏，通过该制度实现学生离校时间与家长下班时间的无缝对接。学校根据家长的工作时间和学生的实际情况，设定了灵活的离校时间。家长可根据自身需求，提前向学校申请孩子的离校时间。对于需要提前离校的学生，学校会与家长提前沟通，确保孩子安全离开校园；对于需要延迟离校的学生，学校则安排专门的教师进行看护，确保学生的安全和学习在等待期间得到保障。学校高度重视学生的安全，为此制定了严格的安全保障措施。在弹性离校时间段内，学校会加强校园巡逻，确保学生的安全；同时，学校还建立了紧急联络机制，以便在紧急情况下迅速与家长取得联系。在确保安全的前提下，学生弹性离校时间制度使得家长可以更加灵活地安排自己的工作和接送孩子的时间，有效解决了家长因工作原因无法准时接送孩子的问题，极大地便利了家长；学生也可以根据自己的实际情况选择离校时间，从而有更多的时间进行自主学习、参与兴趣小组或进行体育锻炼等活动，满足了学生的个性化需求。学校通过提供弹性离校时间服务，进一步丰富了课后服务的内容和形式，提高了课后服务的质量和效果；在弹性离校时间段内，家长也可以更加深入地了解孩子在学校的表现和课后生活情况，从而加强与学校的沟通和联系。

3. 学生弹性作业时间制度——尊重差异

作业作为课堂教学的延伸和拓展，是教学工作中的重要环节之一，是促使学生认知、能力、情感全面发展的重要途径。在教育实践中，一个被广泛接受的理念是“因材施教”，即根据学生的个体差异来定制教学策略。这一理念源于孔子提出的“因材施教，各尽其才”的教育思想，强调教育应当尊重学生的个体差异，以促进学生的全面发展。而学生弹性作业时间制度的确立，正是莲南小学对这一理念的深入理解和生动实践。在学生成长的过程中，不同学段的学生在身心发展、学习能力以及兴趣爱好等方面存在显著的差异。低年级学生可能还在培养基本的学习习惯和学习兴趣，需要较短且集中的学习时间；而高年级学生则可能已经拥有更强的自主学习能力和更高的学习效率，因此需要更长时间来完成对知识的深入理解和应用。“一刀切”的作业管理方式显然无法适应这种差异，相反，可能还会阻碍学生的个性化发展。

美国学者卡罗尔认为，如果提供足够的时间，再具备合适的学习材料和教学环境，几乎所有的学生都有可能达到既定的目标。基于这一理论，莲南小学提出学生弹性作业时间制度，旨在更好地尊重学生的身心发展规律，确保每位学生都能在合适的时间内完成作业。例如在课后延时服务的自主作业阶段，有时学生需要完成背诵课文、完成习作等任务，对于学习有困难的学生，要求当天完成存在较大难度，教师可适当放宽1～2天时间让学生熟读成诵，落笔成文。这一制度不仅考虑到学生的年龄特点和学习能力，更关注到学生的心理健康和兴趣发展。通过为不同学段的学生设置不同的自主作业时间，学校为学生创造了既不过于紧张，也不过于松懈的学习环境，使学生能够在轻松愉快的氛围中完成作业，从而提高学习效率和学习质量。具体来说，低年级学生的作业时间被设定为30分钟，这是基于他们年龄较小、注意力集中时间较短的特点；中年级学生的作业时间增加到40分钟，以适应他们逐渐增强的学习能力和自我管理能力；而高年级学生的作业时间则进一步延长至50分钟，以满足他们对知识深入探索和学习的需求。这样的设计不仅体现了学校对学生个体差异的尊重，也为学生提供了足够的自我调整和安排的空间。

学生弹性作业时间制度的实施，是莲南小学在教育教学改革中的一次重要探索和创新。它不仅有助于解决传统作业管理方式中存在的问题，如作业量过大、作业时间过长等，更能够激发学生的学习兴趣和主动性，促进学生的全面发展。同时，这一制度也体现了学校对学生个性化成长的尊重和关注，为学生提供了更加科学、合理的作业管理方式。

二、弹性空间

传统课后服务通常存在学生活动空间单一的特点。活动一般在常规教室或各学科功能室开展，从灵活性上来讲，不能满足多类社团课程多样化的活动需求。当儿童绘本、文学作品鉴赏社团需要组织学生进行小组讨论时，或是立体折纸社团需要组织学生通过小组合作进行手工作品创作时，传统教室的课桌式桌椅摆放则限制了学生的活动范围，导致富有创意和互动性的教学活动难以开展。

基于此，莲南小学主动拓宽视野，拓展工作边界，聚焦延时课后服务工作方法论的创新，站在更长的时间动线上统筹课后服务内容，整合社区、社会空间，丰富课后服务内涵，调度校内外优质教育力量，为课后服务提供全方位的保障。为了进一步丰富课后服务的内容和形式，学校积极探索“弹性空间”的理念，旨在打造适应不同教学活动需求的灵活空间。这类空间不仅能够支持学校常规教学活动，还能够快速转换成适宜的课后服务空间，如马勺彩绘、趣味折纸、无人机编程等。弹性空间打破了传统教育模式的束缚，使学生能够在更加开放、多元的环境中学习与成长。

（一）弹性空间的规划与设计

1.校内资源的整合利用

在课后服务体系中，弹性空间的规划与设计不仅是提升教育资源利用效率的关键，更是促进学生全面发展、增强校园活力的重要途径。莲南小学主要从空间布局的动态适应性、灵活可变的空间设计以及共享空间的最大化利用三个方面进行校内资源整合利用。

首先是空间布局的动态适应性。学校在规划课后服务空间时，充分考虑空间布局的动态适应性，引入模块化设计理念，旨在打造一个灵活多变、功能互补、资源共享、开放包容的环境，既能满足不同类型课程的开展需求，又能确保空间资源的高效利用。在具体实施中，将部分区域划分为可移动隔断或多功能区域，使同一空间能够根据课程需要快速转换功能属性。如，将图书馆一角在课后转变为阅读角与创意工坊的结合体，既满足了学生安静阅读的需求，又激发了他们的创新思维，培养了动手能力。此外，学校还利用智能管理系统，根据课后服务项目的报名情况，动态调整各功能区的开放时间与空间配置，确保资源的高效利用。

其次是灵活可变的空间设计。考虑到不同年级学生在认知特点上的差异，学校根据不同学段的学生需求来规划、调整空间布局。如，为刚从幼儿园过渡到小学的低年级学生设计温馨舒适的阅读角和游戏区，助力孩子完成幼小衔接的入学适应过程，这对其身心发展有重要意义。为了培养高年级学生的表达与探究能力，设计开放式的讨论区和实验台。通过这种方式，不同年龄段的学生都能在适合自己的弹性空间中学习和成长。同时，为了适应多样化的课后服务活动，莲南小学对教室设计进行了大胆创新，实现了从“固定功能”向“多功能融合”的转变。教室内部配备了可移动桌椅、电子白板及多媒体设备，这些设施不仅支持传统的教学活动，还能轻松转换为小组讨论区、艺术创作室或小型剧场。这种灵活可变的教室设计，极大地丰富了课后服务的内容与形式，促进了学生综合素质的提升。

最后是共享空间的最大化利用。促进生生互动与师生互动是弹性空间设计的重要目标之一。无论是学生之间的交流合作还是师生之间的互动都是增强课后服务效果的有效途径。通过合理规划与设计，学校充分利用走廊、楼梯间、露台等边缘空间，打造了一系列特色鲜明的共享区域，如在书香走廊放置了丰富的课外读物，供学生随时取阅；创意墙则成为学生展示自己作品、交流创意的平台。此外，学校还设立了多功能活动室，该空间可根据不同活动的需求进行快速转换，如举办小型诗歌比赛、科技展览、心理健康讲座等，极大地提高了空间的使用效率；学校采用开放的空间布局、灵活的桌椅排列方式（分组式、回字式或U字式），配备多媒体互动设备，能够有效激发学生在丰富多彩的社团活动中进行更多的互动与协作，让学生获得更深层次的学习体验，进一步强化课后服务的育人价值。同时，学校鼓励师生共同参与共享空间的设计与维护，增强了师生的归属感和责任感，营造了温馨和谐的校园氛围。这一系列举措不仅提升了教育资源的利用效率，更为学生提供了更加丰富多元的学习与成长环境，促进了学生全面发展，让校园成为充满活力与创造力的学习乐园。

2. 校外资源的开发拓展

学校积极探索将课后服务的课堂从传统的校园内拓展到学校周边，充分利用周边的课程资源，为学生打造一个更加广阔、多元的学习空间；同时致力于与周边的社区、企事业单位建立紧密的合作关系，共同开发适合学生的实践课程和活动，共建学生课后服务实践基地，让社会优质资源深度融合到课后服务中。

莲南小学毗邻仙湖植物园和梧桐山国家森林公园，具有得天独厚的资源优势。课后服务课程资源区域化开发所要形成的课程，需要对区域内的学生具有一定的教育服务价值与育人意义。梧桐山国家森林公园和仙湖植物园作为深圳有代表性的符号，无论是其悠久的发展历史，还是自然环境，都蕴藏着人类的智慧思想以及宝贵的精神文化，这些都具有十分重要的教育价值。因此，莲南小学将梧桐山国家森林公园和仙湖植物园作为综合实践性课后服务区域课程的主题，围绕课程目标，开展课程资源开发工作。依据课程资源组织的需要，学校结合学生认知发展水平，综合运用分层组织与分项组织的课程资源组织方式，开展资源组织活动。基于小学课后服务课程资源开发的基本理念与原则，学校结合小学生认知发展阶段及其课后服务需要，依托于梧桐山国家森林公园和仙湖植物园的生态资源现状，从年级、项目主题、综合实践活动具体项目以及活动目标四个方面来构建课后服务课程的内容结构。至此，以“环境保护”为主题的综合实践性课后服务课程资源的整体开发环节在理论上已经基本完成，但在实际的区域化开发过程中，资源的挖掘以及资源的筛选不一定能够在一轮的环节步骤之后就完成，而是需要根据具体的开发情况做好每一个开发环节的效果评估。同样地，课程资源的组织也需要在实际工作中发挥多元开发主体的协同力量，确定更为全面、准确的资源组织层次，充分整合一切可利用的课程资源，以形成更能凸显区域特色、更能满足区域小学生课后发展需要的课后服务课程及课程资源库。

莲南小学通过积极与周边场地共建学生课后服务实践基地，成功将课后服务的课堂延伸到了学校周边，为学生提供了更加广阔的学习与实践空间（见表4.1）。学校充分挖掘周边的课程资源，与仙湖植物园、深圳市罗湖区中医院等合作建立了课后服务基地，使学生在真实的环境中沉浸式学习，增强了学习的实践性和趣味性。通过这一系列的举措，学校成功地构建了一个开放、多元、实践性强的课后服务课程体系。

表4.1　学生课后服务实践基地及课程主题

基地名称	课程主题
仙湖植物园	古生物及植物演进史
梧桐山国家森林公园	自然导赏实践
深圳市罗湖区中医院	中医药文化
鹏兴教育文体中心	乒乓球、游泳

续表

基地名称	课程主题
东深供水工程展览馆	水库运转知识
深圳市第一强制隔离戒毒所	禁毒教育
深圳市莲塘街道莲花社区党群服务中心	组织社区服务
深圳市禾歌餐饮实业有限公司	认识蔬菜、制作美食
大亚湾核电基地社区文化中心	了解核电知识
深圳市东湖公园	自然课程
深圳市仙桐体育公园	足球、网球
亚马逊云科技	认识 AI
深圳市兰科植物保护研究中心	保护珍稀植物

同时，学校积极挖掘社区资源。这一举措旨在打破传统校园的界限，将学生的学习体验延伸到社区，以丰富他们的学习内容和形式。为了充分利用这些社区资源，莲南小学通过购买或引入的方式，为学生提供了更加多元化、个性化的学习选择，以满足不同学生的兴趣发展需求。在引入校外课程资源方面，学校还选用优质的社会资源，与社区内的文化、艺术、体育等第三方校外培训机构建立了合作关系，购买了一系列受学生欢迎的课程，并将这些场所的优质资源引入校园，再进行校本化，以更加多元化的选择满足学生不同的兴趣发展需求。这些课程涵盖了艺术、体育、科技等多个领域，具有专业性和趣味性强的特点，能够满足不同学生的兴趣发展需求。例如，学校与附近的美术馆合作，开展绘画、雕塑等艺术课程；与体育场馆合作，提供足球、篮球等体育项目的训练机会。通过与校外机构的合作，学校为学生提供了一个更加广阔的学习平台，让他们能够接触更多元化的知识和技能。这不仅满足了学生的兴趣和需求，也促进了他们的全面发展。此外，第三方机构还可以发挥管理功能，协助学校有效管理课后服务工作。

（二）空间资源智能化管理

在莲南小学的课后服务中，数据收集与分析发挥着至关重要的作用。学校利用先进的在线学习平台和智能教学系统，实时跟踪学生的学习进度。例如，学校利用线上教学平台与外地博物馆进行连线，让学生聆听云端讲解。这种创新的教学方式不仅让学生足不出户就能领略到博物馆的魅力，还扩充了他们的学习内容，提升了学习效果。通过引入校外机构的课程资源和智慧教育平台的线上资源，学校的课后服务课程得到了极大的丰富和拓展。这些系统不仅记录了学生们完成作业和参与互动的情况，还详细地记录了他们的测试成绩，为学校提供了学生学习成效的直观数据。除了学习进度的跟踪，学校还注重分析学生的学习行为，通过查看学生在系统中的操作记录，能够深入了解他们的学习习惯、偏好和可能遇到的难点。这些数据为学校提供了宝贵的洞察基础，有助于更准确地把握学生的学习状态。同时，学校也积极收集学生对课后服务的反馈意见。学生对课程内容的理解程度、对教师的评价等信息，都是学校改进服务的宝贵资源。通过倾听学生的声音，了解他们的需求，学校积极致力于课后服务能够真正满足他们的期望。在数据分析阶段，学校根据收集到的学习进度、测试成绩、反馈意见等情况，对学生的学习成效进行评估。通过识别出学习有困难的学生和需要额外关注的领域，学校能够为他们提供更有针对性的帮助。此外，学校还基于学习行为分析，为每个学生提供个性化的学习建议，帮助他们更好地规划学习路径。结合学生的反馈意见，学校还对课后服务进行了持续的优化，努力确保服务内容更加贴近学生的需求，为他们提供更加丰富、有趣且有效的学习体验。通过数据收集与分析的循环迭代，学校不断提升课后服务的质量，为学生的成长保驾护航。

智能化的系统不仅能够收集数据、帮助了解学生的学习情况，还能够帮助学校掌握资源的利用情况，便于进一步对资源进行应用和调整。通过智能化系统，学校详细记录每个课后服务空间的使用时间、使用人数等信息，从而准确掌握空间的使用情况。这些数据不仅直观展示了空间使用效率，还帮助识别出空间使用不合理或闲置的情况。同时，学校还通过智能化系统跟踪课后服务中各类资源的调配情况，包括教师、设备、材料等资源的分配和使用。这些资源调配记录提供了有关资源利用情况的详细数据，使学校能够深入了解资源的配置是否合理，是否存在浪费或不足的情况。另外，学校也非常重视学生参与课后服务的情况。通过统计学生参与课后服务的次数、时长和参与度，学校能够了解学生对课后服务的兴趣和需求。这些数据为学校提供了宝贵的反馈，能够帮助学校了解服务内容的受欢迎程度，以及学生在学习过程中的偏好和困难。在数据分析阶段，学校根据收集到的空间使用记录、资源调配记录和服务参与情况，进行深入分析和评估。一方面，评估各个空间的使用效率，若发现空间使用不合理或闲置的情况，提出相应的优化建议；另一方面，分析资源调配的合理性，提出优化建议，确保资源得到充分利用。此外，学校还分析服务参与情况，了解学生对课后服务的兴趣和需求，为服务的持续改进提供依据。通过数据的收集与分析，学校能够更加精准地把握课后服务的运行情况，为学生提供更加优质、高效的服务。

三、弹性师资

在推进课后服务的过程中，师资起着关键性的作用。随着教育理念的更新和学生需求逐渐变得多样化，提升教师的专业技能、丰富课后服务内容成为学校发展的必然趋势。然而，单纯依赖学校内部教师的力量已难以满足日益增长的课后服务多样化需求。学校积极探索弹性师资模式，形成了独具特色"1+3"课后服务师资模式，核心是以校内教师为主体（即"1"），同时积极引入家长、社区志愿者、第三方优质教师作为补充力量（即"3"），共同构建一支弹性师资队伍。这种模式的建立，不仅极大地丰富了课后服务的内容，提升了服务质量，还有效地减轻了校内教师的压力，实现了资源的优化配置。

（一）教师专业培养

1.提升专业素养

在构建和优化课后服务课程体系的过程中，学校充分利用多种资源，形成了一个全面、立体且富有活力的教育体系。校内教师作为课后服务的主力军，在推动课程建设与发展中发挥着不可替代的作用。他们具备专业的教育教学知识和丰富的教育经验。在课后服务中，他们可以根据学生的实际情况和兴趣爱好，设计有针对性的教学活动，满足学生的个性化需求。学校在遴选课后服务教师时，全面梳理校内教师专业背景，依据校内教师专业特长分配教学任务，打造优质的课后服务课程。学校挖掘校内教师的专业潜能和兴趣特长，一方面为教师搭建特长施展的平台，另一方面提供专业技能培训和提升机会，动员校内教师积极参与课后服务课程建设。学校通过专题培训提高校内教师的课程开发能力，让校内教师成为课后服务课程的主要建设者和开发者，以便为学生提供丰富多样、立体多元的课后服务课程。同时，学校通过组织多样化的教学研讨、教学观摩、教学竞赛等活动，为校内教师提供了广阔的学习和交流平台。学校鼓励校内教师参与各种专业培训，如教学方法、课程设计、学生管理等方面的培训，以拓宽校内教师的知识视野，提高其教育教学水平。校内教师在参与这些活动的过程中，不仅能够相互学习、共同进步，还能从实践中发现问题、解决问题，从而不断提升自身的教学能力和专业素养。这些措施不仅增强了校内教师的自信心和成就感，也为他们的专业成长提供了坚实的保障，能够帮助他们不断提高教育教学水平，更好地服务于学生。

2. 创新教学思路

学校鼓励教师打破学科壁垒，进行跨学科的教学实践和研究。通过组织跨学科的教学团队、开展跨学科的教学项目、举办跨学科的教学研讨会等方式，教师得以在更广阔的领域内进行交流和合作。这种跨学科的交流不仅有助于教师拓宽视野、丰富教学手段，还能促进学科之间的融合和创新。在课后服务中，教师通过实践探索新的教学方法和模式，如项目式学习、探究式学习等，为学生提供了更加多元化、个性化的学习体验。例如，在每周四课后服务的社团活动中，各学科教师将学科知识与学生兴趣巧妙结合，开发了一系列与学科相关的拓展课程，旨在培养学生的创新意识和实践能力。这些课程的内容包括与语文相关的趣味阅读、创意写作，与数学相关的数字游戏、数学思维，与英语相关的英语歌谣、美剧配音，与科学相关的人工智能、无人机等。此外，还有演讲与辩论、立体剪纸、从文物中学历史等课程，均受到学生的热烈欢迎和广泛好评。

3. 应用先进教育技术

随着科技不断发展和进步，包括智能工具在内的先进教育技术在教育领域中的应用已成为推动教育教学改革的重要力量。莲南小学紧跟时代步伐，积极引进先进的教育技术设备和软件，为师生提供了一个创新且充满活力的学习环境。为了确保先进教育技术能够在教学中得到有效应用，莲南小学为教师提供了全面的技术支持和系统培训。这些培训不仅涵盖了先进教育技术的基本知识和操作技巧，还深入探讨了如何将这些技术应用于实际教学中。通过不断学习和实践，教师逐渐掌握了利用先进教育技术优化教学过程的方法和策略。在课后服务课程中，先进教育技术的运用得到了充分体现。例如，在科学实验课程中，教师们利用多媒体技术为学生展示了各种科学实验的过程和原理。通过动画、视频等形式，学生可以直观地了解实验的原理和步骤，这也激发了他们对科学的兴趣和好奇心。同时，教师们还借助网络教学资源为学生提供了丰富的实验案例和课外知识，拓宽了他们的视野。在语文和英语课程中，教师们利用电子书包和在线学习平台，为学生提供了个性化的学习体验。学生可以根据自己的学习进度和兴趣选择适合自己的学习材料，进行自主学习和探究。这种学习方式不仅提高了学生的学习效率，还培养了他们的自主学习能力和创新精神。此外，学校还利用先进教育技术开展了多种形式的互动教学活动。例如，通过在线讨论、小组合作等方式，学生可以与同学、教师进行实时交流和互动，分享学习心得和体会。这种互动学习方式不仅增强了学生的参与感和归属感，还促进了他们之间的交流和合作。先进教育技术的应用不仅丰富了课后服务课程的内容和形式，还极大地提高了教师的教学效率和学生的学习效果。未来，学校将继续深入探索先进教育技术在教育教学中的应用，努力为师生创造一个更加高效的学习环境。

（二）多元资源融合

在课后服务深入发展的过程中，仅依靠校内教师的力量是远远不够的。为了进一步提升服务质量、丰富学生体验，学校积极拓宽师资渠道，引入家长、社区志愿者和第三方优质教师作为宝贵的补充力量。家长可以发挥自己的专业特长和兴趣爱好，为学生带来不同的学习体验；社区志愿者则可以为学生提供社会实践和志愿服务的机会，培养学生的社会责任感和公民意识；而第三方优质教师的加入，更是为课后服务注入了新的活力，这不仅带来了先进的教育理念和教学方法，还为学生提供了更为优质的教育资源。

1. 家长资源

课后服务需要家校社三方形成合力，共同构建良好的教育生态。其中，家长作为重要的支持力量，不仅能参与课后服务的实施，还能为服务质量提供有效监督。学校充分认识到家长资源的重要性，致力于建立健全家长参与机制，形成良性互动的合作关系。

在课程资源方面，学校积极邀请具有专业特长的家长加入课后服务团队。这些家长多来自互联网企业和科技公司等不同行业，能够通过专题讲座、项目式学习、特色工作坊等多样化形式开展教学活动。例如，带领学生参观物流基地，了解快递分拣流程，或到实验室探索前沿科技，为学生打开认识世界的新窗口。学校开展的家长进课堂、认识人工智能、基因与地球万物的故事等主题课程，为学生带来了独特的职业视角和实践机会。这种形式不仅丰富了课后服务的内容，更为学生提供了与传统课堂不同的学习体验。同时，学校注重发掘家长中的特殊人才资源。一些具有特殊技能的家长，如整理收纳师、摄影爱好者、手工艺人等，通过自身专长为学生提供实践学习指导。这些课程既培养了学生的动手能力，又激发了其创新思维，进一步丰富了课后服务的内容体系。

在组织管理方面，学校建立了完善的家长志愿者管理制度。每个社团都配备一名家长志愿者负责日常监督工作，确保课程质量和学生安全。学校定期组织家长志愿者培训，提升其参与课后服务的专业能力。同时，通过建立家长联络群、定期召开座谈会等方式，家长也可以通过热线邮箱、问卷调查等多种渠道，对课后服务的内容设置、实施效果、安全管理等方面进行评价并提出建议。

通过与家长的深度合作，学校不仅拓展了课后服务的内容维度，也为学生创造了更加丰富的学习体验，实现了教育资源的有效整合和优化利用。这种家校协同的方式，既满足了学生多样化的学习需求，又增强了家长对学校教育的理解和支持，形成了良性互动的育人格局。同时，这种合作模式也为推动课后服务的持续发展注入了新的活力，为构建更加开放、多元的教育生态系统提供了有益探索。

2. 社区资源

社区是一个巨大的教育资源库，不仅拥有图书馆、运动场等实践教育场所，更汇聚了来自不同背景、不同年龄段、不同职业的人才资源。学校与社区的合作，本质上是一种教育资源的有效整合，这体现了双方优势互补、互利共赢的特点。

在人才资源方面，社区中不乏各行各业的专家学者和技术能手。莲南小学在开展课后服务伊始，便积极招募“五老”（离退休老干部、老战士、老教授、老专家、老模范）志愿者、高校优秀大学生、体育教练、文体科普工作者、能工巧匠、非物质文化遗产代表性传承人等社区人才。这些社区志愿者可以走进校园开设特色课程和讲座，传授专业知识与技能，既丰富了课后服务内容，又能提升学生的学习兴趣和实践能力。同时，校内教师也能通过与社区人才的交流互动，不断提升自身的专业素养。

在场地资源方面，社区的图书馆、博物馆、科技馆等文化设施都可以成为学校开展课外实践活动的重要场所。学生通过实地参观和体验，不仅能加深对知识的理解，更能拓宽视野。此外，学校还可以与社区合作开发具有地方特色的课程，组织学生参与环保活动、帮扶社区老人等志愿服务项目，培养学生的社会责任感和公民意识，打造有温度的课后服务课程。

学校与社区的这种合作模式，既能让社区为学校提供多样化的教育资源支持，又能通过学校为社区输送人才与智力支持，实现了教育资源的优化配置和互惠共赢。

3.专家资源

小学生正处于对世界充满好奇心与探索欲的成长阶段，对科学家十分崇敬，对科研工作充满向往。邀请科研工作者和行业专家进课堂，既能拓展学生的知识，培养其科学思维和创新能力，还能弘扬科学家精神，激发同学们对科学的兴趣和学习热情。

莲南小学毗邻仙湖植物园和梧桐山国家森林公园，凭借得天独厚的自然资源和丰富的人力资源，与仙湖植物园等科研单位在自然教育课程的开展上进行了深入的探索与合作。学校开设了“博士进课堂”系列课程，先后邀请了仙湖植物园、华大基因、大亚湾核电基地等多个领域的66位博士进校开展讲座。作为课后服务课程的讲师与顾问，这些专业人士的加入，不仅为学生带来了有趣的科学知识，更在学生心中种下了一颗奋发图强、科学强国的种子，激发了学生们对科学探索的浓厚兴趣。“博士进课堂”系列课程也成为莲南小学课后服务的一大亮点。在这些课程中，学生们在博士们的指导下，亲自观察、记录、感受大自然的神奇。他们学习了植物的生长规律，了解了动物的生活习性，更在实践中学会了如何尊重自然、保护环境。通过扩展专家团队，莲南小学的课后服务课程更加丰富多彩，不仅拓宽了学生们的视野，更在他们心中播下了科学探索的种子。

四、弹性课程

在课后延时服务的实施中，为了满足学生个性化需求、促进学生全面发展，学校致力于多渠道丰富延时课程资源，设计出包括兴趣课程、特长课程、通识课程等在内的多样化课程，以构建弹性课程体系，满足学生的不同兴趣和需求。学校还根据课程性质和内容，将课程划分为体育竞技类、艺术审美类、科技创新类、生活技能类、语言运用类这五类课程群，形成了一个完整的课程体系，为学生的全面发展提供了有力支撑。

（一）“一生一课表”个性化课程方案

莲南小学在深化课后服务体系的过程中，积极响应学生全面发展的需求，精心构建了“一生一课表”个性化课程方案，旨在通过多元化、个性化的课程选择，激发学生的潜能，提高其综合素质。这一体系围绕体育竞技类、艺术审美类、科技创新类、生活技能类、语言运用类这五大类别展开，每一类别都精心设计了丰富多样的课程项目，以满足学生不同的兴趣爱好和成长需求。

1.课程内容多样

莲南小学遵循“以学生为本”的教育理念，为满足学生多样化的学习需求，在培根课程、汲养课程、展叶课程、芬芳课程这四大课程体系的基础上，积极构建“一生一课表”个性化课程方案，旨在通过多元化、个性化的课程选择，激发学生的潜能，提高其综合素质。通过自主选择体育竞技类、艺术审美类、科技创新类、生活技能类及语言运用类的社团，学生不同的兴趣爱好和成长需求得以满足。这一创新性的课程实施既体现了学校对基础教育的重视，又充分尊重了学生的个体差异和发展需求。在具体实施过程中，学校始终坚持以学生的全面发展为核心，以培养创新人才为目标，通过开展丰富多彩的课程，为每位学生量身定制适合的成长路径。同时，学校注重将国家课程标准与学校特色相结合，既确保教育教学的规范性和科学性，又充分体现学校的办学特色和育人理念。这种个性化的课程设置不仅为学生提供了广阔的发展空间，也为学校打造特色教育品牌提供了有力支撑。在课程开发过程中，学校充分发挥教师的专业优势，鼓励教师根据学生特点和学科特色，开发富有创意的课程内容，确保课程设置既符合教育规律，又富有创新活力。

体育竞技类课程：学生可以根据自己的兴趣和能力，选择篮球、足球、田径，或是国际象棋、围棋，或是武术、跆拳道。此外，毽球、网球、射艺、高尔夫等课程也为学生提供了更加多元化的选择。这些课程不仅锻炼了学生的身体素质，还培养了他们的团队精神、竞技意识和意志品质，让学生在汗水中体验成长的快乐。

艺术审美类课程：艺术审美类课程是莲南小学课后服务课程体系中的一抹亮色。学校提供了动漫画、线描画等绘画课程，以激发学生的想象力和创造力；非洲鼓、尤克里里、古筝、葫芦丝等乐器课程，让学生在音乐的世界里感受旋律的美妙；街舞、拉丁舞、民族舞等舞蹈课程，则让学生在舞动中展现自我，培养气质。此外，硬笔书法、毛笔书法、轻黏土手工等课程，让学生在实践中提升审美情趣和动手能力。这些课程共同构建了一个丰富多彩的艺术世界，让学生在美的熏陶下茁壮成长。

科技创新类课程：莲南小学紧跟时代步伐，将科技创新类课程纳入课后服务课程体系。3D打印课程旨在让学生亲手设计并制作出立体作品，体验科技的神奇魅力；Scratch编程课程则注重培养学生的逻辑思维和创新能力，为他们打开通往未来科技世界的大门；飞行挑战小车工程师课程更是集趣味性、挑战性于一体，让学生在动手组装、调试飞行小车的过程中感受科技创新的乐趣。此外，植物多样性课程引导学生关注自然、探索生命奥秘，旨在培养他们的环保意识和科学素养。

生活技能类课程：为了培养学生的独立生活能力和实践能力，基于陶行知的生活教育理论，莲南小学开设了生活技能类课程。手工DIY课程让学生在动手制作中体验创造的乐趣；魔方、折纸等课程则锻炼了学生的思维能力和动手能力。

语言运用类课程：语言运用类课程也是莲南小学课后服务课程体系不可或缺的一部分。朗诵、主持、普通话艺术等课程培养了学生的语言表达能力和舞台表现力；经典吟诵、诗词合唱等课程则让学生在诵读经典中感受中华文化的博大精深。这些课程不仅提升了学生的语文素养和文化底蕴，还为他们的人际交往和未来发展提供了有力支持。

2. 选择方式灵活

为确保“一生一课表”个性化课程方案的有效实施，学校建立了一套科学灵活的运行机制。首先，在每学期初进行全面的学情调研，通过问卷调查、个别访谈等方式，详细了解学生的兴趣爱好和发展需求，为课程设置提供依据。其次，建立自主选课机制，学生可以根据个人兴趣和时间安排，自主选择参与的课程项目。为避免学生盲目选课，学校安排专门的教师进行选课指导，帮助学生合理规划课程。同时，学校定期组织课程展示和成果汇报活动，通过展演、比赛、作品展等形式，展示学生的学习成果，激发大家的学习积极性。此外，建立动态调整机制，允许学生在特定时间节点调整课程选择，确保课程安排既保持相对稳定，又具有适当的灵活性。教师团队则根据学生的选课情况和学习表现，实施分层指导和个别化辅导，确保每位学生都能得到适当的指导和帮助。这种灵活的实施机制，有效保证了个性化课程的教育效果。

3. 课程评价科学

为保证个性化课程的教育质量，学校构建了完整的评价体系。在评价方式上，采用过程性评价和终结性评价相结合的方法，注重考查学生在课程学习过程中的参与度、进步情况和最终成果。学校通过建立学生成长档案，详细记录每位学生的课程参与情况、技能发展水平和个性特长的培养过程，为学生的个性化发展提供数据支持。同时，学校定期开展课程评估，通过问卷调查、座谈会等形式，收集师生对课程的反馈意见，及时发现并解决课程实施过程中存在的问题。在评价结果的运用上，学校注重将评价结果作为课程改进的重要依据，通过分析评价数据，不断优化课程内容和实施方案。此外，学校还建立了课程质量监控机制，定期对课程实施效果进行督导评估，确保课程质量持续提升。这种科学的评价体系，为个性化课程的持续优化提供了有力保障，也为学生的个性化发展提供了客观的评价依据。

莲南小学“一生一课表”个性化课程方案，为学生搭建了一个全面发展的平台。在这个平台上，每位学生都能根据自己的兴趣和需求，找到适合自己的课程组合，实现个性化成长和全面发展。这种以学生为中心的课程设计理念，不仅提升了课后服务的吸引力和实效性，更为学生的未来发展奠定了坚实的基础。

（二）选课系统的高效运行与动态调整

学校的课后服务是动态发展的，所设置的课程不能只追求数量。学校要在遵守国家出台的相关标准之上，根据学生成长的需求、社会发展的趋势，结合学校发展的基础与特色，不断调整与优化，与家庭、社会携手共同推进课后服务的高效运行。

鉴于个性化教育的重要性，莲南小学在构建课后服务体系的过程中，为了确保个性化课程方案的顺利落地与实施，引入了智能工具，精心打造了一个稳定、易用的在线选课平台。这一平台不仅拥有直观友好的用户界面，支持多终端访问，确保学生与家长能够随时随地轻松完成选课操作，还内置了强大的数据处理引擎，能够即时分析选课数据，为课程资源的优化配置提供精准的数据支持。

为了维护选课过程的公平性与透明度，学校制定了一套详尽的选课规则与流程。在选课季来临前，学校会通过官方公告、家长会等多种形式向学生及家长全面解读选课政策、课程详情及注意事项，确保每位参与者都能对选课过程有清晰的认识。在选课过程中，系统采用预设的优先级算法自动分配课程名额，力求让每位学生都能平等地选到心仪的课程。同时，学校还设立了专门的选课咨询窗口，提供了在线咨询服务，以便及时解答学生和家长在选课过程中遇到的各种疑问，提升整体满意度。面对选课过程中可能出现的突发情况与需求变化，莲南小学建立了灵活高效的动态调整机制。一方面，学校根据选课结果的实际反馈与教学资源的现有状况，灵活调整课程开设的数量及对相应教师的安排，确保课程资源的最大化利用与高效配置。另一方面，学校允许在特定时间段内进行课程的调换与退选操作，以充分满足学生和家长的个性化需求，增强他们对课后服务的信任与支持。同时，学校还高度重视用户与教师的反馈意见，将其视为改进系统功能、提升服务质量的重要参考，不断推动选课系统的完善与发展。

未来，学校将继续秉承以学生为本的教育理念，不断优化选课系统的性能，提升服务质量，为学生与家长带来更加便捷、高效的选课体验，助力每位学生在个性化成长的道路上稳步前行。

第三节　课后服务实施的具体路径

一、培根课程根基坚实

培根课程包括国家课程与地方课程，是全体学生必修的课程，强调促进学生基本素质的形成与发展，力求为学生人生打下坚实的根基。培根课程应保证开足开齐所有的课程门类，保障基本的课程设置与课时比例，同时基于学校和学生的基本情况，融入自然教育的理念。莲南小学主要通过以下几种方式落实培根课程并实现其校本化。

（一）以自然空间为课堂阵地，实施艺体课程

莲南小学毗邻著名的仙湖植物园与梧桐山国家森林公园，为拓展课程空间提供了十分有利的条件。鉴于对仙湖植物园整体情况的了解，并且通过与仙湖植物园专家的沟通，学校充分利用仙湖植物园多样的自然环境，落实自然教育理念。因此，学校计划在仙湖植物园中开展音乐、美术课程以及体育课程中的部分内容，以便将艺体课程中的内容与自然教育理念深度融合。基于国家义务教育课程标准的要求，具体规划如下（见表4.2）。

表4.2　艺体课程规划

课程名称	年段	拟开展的课程内容	实施要点
体育	低年段	1.开展基本的身体活动与体育游戏，包括跑、跳、攀、爬、钻等动作； 2.开展户外运动，提高学生适应自然环境的能力，发展户外运动的能力。	以体验式学习与表现性学习为主。根据不同年段的学习内容与学生特点，开展例如爬山、爬树、远足、定向越野等户外体育活动。活动的开展要以安全为前提，学校提前与梧桐山国家森林公园沟通好场地与时间，开展教学活动，让学生在自然空间中尽情地运动，释放自己的能量，增强身体机能。
	中年段	1.开展竞赛类、新的情境类的体育游戏或活动； 2.在不同气候条件下开展体育活动，提升适应气候变化的能力。	
	高年段	1.开展有关后蹬跑、连续纵跳摸高、急行跳远、攀、爬等动作的体育活动； 2.开展定时有氧跑、定向越野等比赛练习，发展心肺耐力。	

续表

课程名称	年段	拟开展的课程内容	实施要点
音乐	低年段	1.学生感受自然界的各种声音，并用自己的声音模仿喜欢的声音； 2.学生用自然界的声音有感情地独唱或齐唱； 3.感受声音与自然现象的联系。	以表现性学习为主。在仙湖植物园或梧桐山国家森林公园中寻找、感受、模仿自然界的声音，将其汇聚成自然界的音乐。不同年段的学生采用不同的音乐表现形式，让学生用心感受自然中的音乐，增进与自然的情感。
	中高年段	1.学生发现自然界中的各种声音，并能模仿喜欢的声音； 2.学生用自然界的声音独唱、齐唱、轮唱或合唱； 3.能用人声、乐器声及其他声音材料表现自然界中的声音。	
美术	低年段	1.尝试用线条、形状和色彩绘画表现所见的植物，认识常用颜色； 2.观赏自然景物，用简短的语言表达自己的感受。	以设计性学习为主、表现性学习为辅。带领学生在仙湖植物园中以植物与自然风光为目标，用不同的美术表现手法展现个人对自然的感受，促使学生发现自然之美、感受自然之美、表达自然之美。
	中年段	学习线条、形状、色彩和肌理的基本知识，并用于描绘植物。	
	高年段	尝试运用写实、夸张、抽象等表现方法描绘植物，表达思想与情感。	

（二）打造自然课堂教学模式，构建各学科基本式

以2017年“课堂革命”的提出与2018年罗湖教改提出的“课堂革命”为背景，莲南小学着力打造自然课堂教学模式，形成以学生为中心，符合自然教育理念的“预学—导学—练学—汇学”课堂教学模式（见图4.1）。

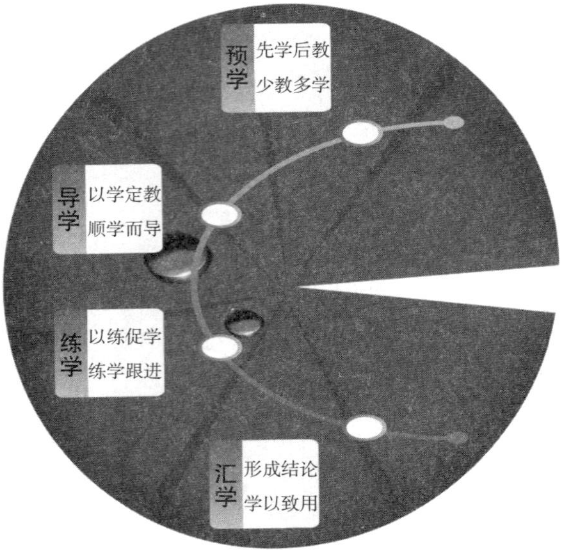

图 4.1　自然课堂教学模式

1. 预学——先学后教，少教多学

预学就是先学。先学，不是学生漫无目的地学，而是在教师简明扼要地出示学习目标后，学生带着问题在规定时间内自学指定内容，对新的知识进行初步的理解加工。后教，也不是教师漫无目的地教，而是在学生充分自学后，教师与学生、学生与学生之间开展互动式的教与学。在课堂上，预学是其后各环节的基础，使整个教学过程体现出先学后教的主基调。

2. 导学——以学定教，顺学而导

导学是在教师引导下的学习。要想学生学得好，学生的“问”与教师的“导”至关重要。教师“导”在学生学习困顿时，“导”在学生思维发展时。双方应针对问题进行碰撞，学生充分表达，教师依据学生知识水平进行引导性的提问，推动学生认知深化。

3. 练学——以练促学，练学跟进

练学是依据学科核心素养，通过多样的、适用于课堂目标的训练，创设适当的练习场景，让学生的能力在课堂中落地生根。

4. 汇学——形成结论，学以致用

汇学是对学习者学习过后的要求，即将知识内化，与个人经验相结合，形成个人思考后的结论，并生成新的经验，应用于日后的学习生活。

在此课堂教学模式的基础上，学校构建各学科基本式（见图4.2），推进国家课程的校本化实施，助力课堂教学高效发展。当前，莲南小学各学科已形成初步的基本式，课堂教学正走向高效发展之路，凸显对学生核心素养的培育。

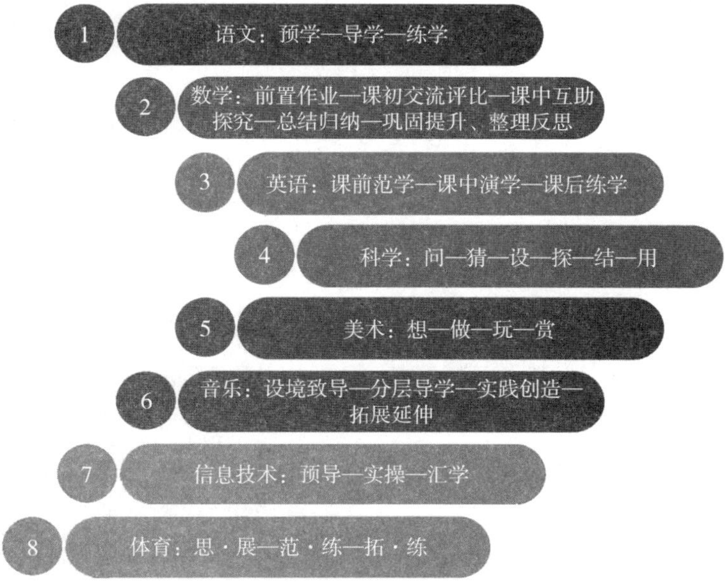

图4.2　各学科基本式

（三）重组学习时间，课时安排弹性化

除了开足开齐培根课程外，学校还通过重组学习时间来弹性化安排课时。除了给基础学科课程安排40分钟一课时外，还依据教学内容、不同科目制订长短课时相结合的弹性计划，给予师生充分的自由。鼓励教师合理运用教学时间，灵活运用教学组织形式、教学方法与教学材料，达成最有效的教学。弹性课时安排主要包括短课时与长课时。其中，短课时以20分钟为一课时，主要针对晨诵、午间及大课间；长课时以50、60或80分钟为一课时，适用于在仙湖植物园中开展的美术、体育课程。

二、汲养课程特色凸显

汲养课程主要有必修拓展课程和自主拓展课程两种实施类型。必修拓展课程是全体学生必须选择修习的课程，每位学生须按年级完成相应课程的学习；自主拓展课程是学生自主选择修习的课程，学生可以自由选择自己想上的课程。

（一）必修拓展课程的实施规划（见表4.3）

表4.3　必修拓展课程的实施规划

课程名称	关联学科	实施年级	课程特点与设置
围棋	体育	一年级	锻造坚毅品格，让智慧自然生长。 围棋作为高雅的脑体操运动，不但能够帮助学生静心专注，而且能够磨炼学生的意志，培养学生的规则意识。此课程通过寓教于乐的方式，让学生熟悉规则、掌握方法，在对战中增长智慧。每周一课时。

续表

课程名称	关联学科	实施年级	课程特点与设置
跆拳道	体育	二年级	锻炼强健体魄，让体格自然生长。 跆拳道是一项集防身健身、修身养性于一体的体育项目，学生在运动的过程中能够强身健体，促进大脑神经元的发展，也可以在练习、竞赛中掌握方法、提升技能、增强体质。每周一课时。
法治教育	道德与法治	四年级	接受法律熏陶，让法治意识自然生长。 运用真实案例以及学生喜闻乐见的内容开展法治教育课程，让学生了解与个人生活息息相关的法律，懂得用法律的武器保护自己。每周一课时。
童心向党	道德与法治	五年级	知晓党的光辉，让爱国情怀自然生长。 通过参观党史馆、听故事、访问、合唱等丰富的形式使学生感知党、认识党，加深对党的了解，增进对党的情感。每周一课时。
书法	美术	二至六年级	传承中华优秀传统文化，让审美能力自然生长。 书法是中国特有的艺术珍宝。此课程通过介绍不同字体的故事、实践练习、评选优秀作品等方式，帮助学生传承与发扬中华优秀传统文化。每周一课时。
大体育	体育	三至五年级	强化身体机能，保持身体健康。 大体育课程中包含丰富的体育项目，如面向体能有待提高的学生，学校设置了体能提高项目。每周一课时。

（二）自主拓展课程的实施规划（见表4.4）

表4.4　自主拓展课程的实施规划

课程名称	关联学科	实施年级	上课时间与地点	计划人数
小古文	语文	一年级	周三下午4:10—5:00 一（1）教室	30
最美诵读		一至四年级	周三下午4:10—5:00 一（3）、二（6）、三（6）、四（3）教室	30
经典诵读		二年级	周三下午4:10—5:00 二（1）教室	30
真人图书馆		一至五年级	周五下午4:10—5:00 图书馆	30
自然阅读系列		一至五年级	周五下午4:10—5:00 图书馆	30
自然拼读	英语	二至五年级	周三下午4:10—5:00 四（2）教室	30
英语分级阅读		二至五年级	周三下午4:10—5:00 五（1）教室	30
数学文化	数学	一至五年级	周三下午4:10—5:00 四（4）教室	30
思维导图		六年级	周三下午4:10—5:00 六（3）教室	30
一起玩科学	科学	二年级	周三下午4:10—5:00 二（5）教室	40
机器人	信息技术	四至六年级	周五下午4:10—5:00 计算机室1	20
3D打印		四至六年级	周五下午4:10—5:00 科学实验室	20
Scratch编程		四至六年级	周五下午4:10—5:00 计算机室2	20

续表

课程名称	关联学科	实施年级	上课时间与地点	计划人数
心理辅导	心理健康	四至六年级	单周周五下午4:10—5:00心理辅导室	10
生命花开		四至六年级	双周周五下午4:10—5:00心理辅导室	10
毽球	体育	一至五年级	周二下午4:10—5:00篮球场	25
田径		一至五年级	周二下午4:10—5:00田径场	30
外教网球		一至五年级	周二下午4:10—5:00操场	20
儿童高尔夫		一至五年级	周二下午4:10—5:00操场	20
足球（精品）		四至六年级	单周周三、周五下午4:10—5:30操场	40
篮球（精品）		四至六年级	双周周三、周五下午4:10—5:30操场	35
琵琶	音乐	一至五年级	周二下午4:10—5:00四（2）教室	30
古筝		一至五年级	周二下午4:10—5:00音乐活动室	15
非洲鼓		一至五年级	周二下午4:10—5:00天台花园	25
尤克里里		一至五年级	周二下午4:10—5:00一（1）教室	30
葫芦丝		一至五年级	周二下午4:10—5:00一（5）教室	30
合唱		一至五年级	周二下午4:10—5:00报告厅	20

续表

课程名称	关联学科	实施年级	上课时间与地点	计划人数
管弦乐（精品）	音乐	三至六年级	周三、周五下午 4:10—5:30 一（1）教室	50
街舞		一至五年级	周二下午 4:10—5:00 升旗台侧空地	30
拉丁舞		一至五年级	周二下午 4:10—5:00 六楼舞蹈室	25
碳粉画（精品）	美术	一至四年级	周三、周五下午 4:10—5:30 四楼活动室	20
剪纸		五年级	周三、周五下午 4:10—5:30 六楼活动室	20
朗诵主持	综合实践	一至五年级	周二下午 4:10—5:00 一（2）、一（3）教室	30
手工 DIY		一至五年级	周二下午 4:10—5:00 一（4）教室	30
魔方		一至五年级	周二下午 4:10—5:00 一（6）教室	30
皮影戏		四至六年级	周三下午 4:10—5:30 五楼门厅	30

三、展叶课程魅力无限

展叶课程分为六类（见图4.3），包括自然课程、仪式活动、学科文化节、魅力中国节、社会综合实践活动以及家长课堂，旨在引导学生走进自然、走向台前、走入社会、走近家长，感受自然的魅力，展现个人的魅力，体验社会生活的魅力，欣赏家长的魅力。

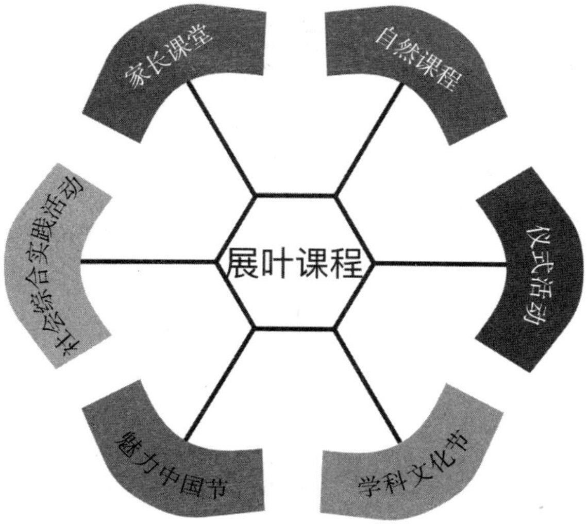

图4.3　展叶课程示意图

（一）自然课程

自然课程最具莲南小学特色（见表4.5）。借助地理条件的优势，学校带领学生走进自然、感受自然、认识自然，为学生及其家庭打开一扇与自然界连接的大门。

表4.5 自然课程一览

课程名称	课程概述	教育目的
儿童博物学	课程包括“山林探秘”“昆虫旅馆”“大树会说话”“生命之树”“自然的色彩”“水重要吗”等，通过自然体验、生态游戏、自然创作等方式，以自然为师，自然而生，开启学生的感官，启迪灵性，激发其想象力和创造力。	旨在使学生走进自然，以自然为师，感受自然与人类的联系，乐于亲近自然；在学习的过程中了解与自然相关的知识，增强保护自然的意识，关爱自然中的生命；希望学生能将对自然的了解与热爱传递给身边的人。
自然探究	以自然为师，以自然博物知识、生态环境议题为载体，通过探究性学习，开启探索自然奥秘的旅程。课程分“自然通识”“植物探究”“飞羽寻踪”“科研参访”四个模块展开，学生通过课程学习有关自然的知识，探究植物的奥秘，搜寻鸟类踪迹，参观访问自然风光。	
自然导赏	老师带领学生走进自然，以深圳本土动植物为学习内容，了解动植物的习性，了解自然界的伦理学知识。	
万物启蒙	以“竹”“茶”等植物为切入点，引万物入课堂，以世界为教材。课程以植物为主，从多学科角度帮助学生了解所选植物，从了解它本身的状态到发现可以用它做什么，再到感悟人与它之间有什么样的精神关系。	
植物探索	走到草地、山林、小径，与植物为友，探索植物的类别。课程可围绕“与植物相识”“孢子的不凡之路”“常见的裸子植物”“种子的旅程”“植物的相处方式”“植物的馈赠”等主题展开。	
泥盆记	本课程是集科学、语文、美术、音乐于一体的五年级跨学科特色校本课程。课程以学生为主体，以莲南小学和仙湖植物园为活动基地，开展一系列科学探究、人文体验、艺术欣赏及创作活动，引领学生走进校园、走进大自然，用感官和工具欣赏苔藓、探索苔藓、描绘苔藓。课程由“苔藓初相识”“苔藓的秘密”“诗情画意·苔”三大单元，以及“咫尺苔色碧”“闲苔林空倚”两节艺术欣赏课组成。	

续表

课程名称	课程概述	教育目的
跟着课本学植物	本课程是与仙湖植物园合作的课程，从小学的各科教材中，筛选与植物相关的内容，再进行设计。	
博士进校园	学校力邀仙湖植物园的博士们走进校园，进入课堂，将自己所熟知的专业知识用学生能够接受的方式进行讲述。每个班级选择一个种植在校园内的植物进行研究，博士们负责指导、协助学生们完成对植物的研究并形成成果。	
藏在地图里的莲南植物	本课程是集科学、美术、数学、活动于一体的综合性课程。课程贴合学校自然教育的理念，充分利用了仙湖植物园丰富的植物资源。学校引领学生走近植物，用感官探索植物，进行艺术创作、制作模型。同时，引进仙湖植物园的植物种植在校园中，学生以绘画、文字、照片等形式呈现对植物的观察，学校将这些作品在校园中展示、评选，并颁发证书认证。历经六年，学生能基本认识仙湖植物园中的植物。	
科普达人	学生作为科普讲堂的主角，将自己对自然的研究、理解、认识在课程中向同学、老师、家长进行展示，在充分锻炼个人表达能力的同时，也能吸引更多的人了解自然、热爱自然。	
自然舞台剧	学生排演的“森林狂想曲”“保卫地球”等剧目在全校展演，也可登上区、市、国家级舞台。	

（二）仪式活动

结合学生入队、升旗等在校举办的各类仪式，精心设计仪式活动（见表4.6），让学生在庄重的仪式中升华情感。

表4.6　仪式活动一览

活动名称	活动概述	教育目的
入队仪式	包括升国旗、奏国歌、出队旗、奏出旗曲、唱队歌、宣读入队决定、新队员佩戴红领巾、宣誓等主要流程。	戴上红领巾，增添学生的自豪感与责任心，为其人生之路画上浓墨重彩的一笔，使其能怀着敬畏之心在学习和生活中严格要求自己。
升旗仪式	由各班承办，根据当前的节日、热点来定主题，形式多样，可以以舞台剧、歌舞、朗诵等形式展开，充分表达学生的情感，让真情自然流露。	增强爱国情感与民族自信，充分展现个人才能、创意。
开学典礼	与邻近的教师节、国庆节、中秋节相结合，用音乐、舞蹈、话剧等形式庆祝新学期的到来。学校管理人员、教师等在校门口列队欢迎学生回归校园，学生走过梦想大门，在新的学期重新启航。	用这样的仪式使学生以饱满的精神状态回归校园，学生会更加有信心，对新学期有新的期待，完成由假期到开学这一时期的过渡。
毕业典礼	毕业典礼分为三个环节，即表演、箴言、告别。首先，毕业生作为主角奉上精彩的演出，毕业一年一首歌，由学生自己填词，表达在莲南小学度过六年时光的感触，表达对同学与老师的爱；然后，毕业班班主任与学校管理人员（如校长）通过真挚的语言为毕业生送上祝福；最后，毕业生走上红毯、走向毕业门，与教师、家长一一拥抱、击掌，与过去的自己告别，踏上新的征程。	为毕业生提供展示的平台，送上最美好的祝愿，庆祝毕业生开启新的学习征程，传递与表达爱。

（三）学科文化节

我校结合学科文化节（见表4.7），开展丰富的校园文化活动，营造良好的校园学习氛围，让学生在实践活动中陶冶情操、获取真知、树立理想，提升综合技能。

表4.7 学科文化节一览

活动名称	活动概述	教育目的
阅读嘉年华	每年确定不同的读书主题，开展“好书推荐”“快乐诵读会”“作家面对面”等多样的阅读嘉年华活动，秉承“读书，让美好自然发生”的理念，使学生能爱上阅读，分享阅读的知识与快乐。	增强学生阅读兴趣的同时，锻炼学生的表达能力，使学生养成良好的阅读习惯，会读书、读好书。
数学文化周	本活动包括活动氛围的营造与学科活动的设置。在数学文化长廊中展览由不同年级制作的、运用数学图形和原理的相关设计。在不同年级开展适合其年龄特点的数学活动，例如一年级口算接力赛、二年级计算能力比赛、三年级扑克牌24点计算大赛、四年级三阶魔方比赛、五年级数学知识能力大赛、六年级9×9宫格九级数独比赛。	通过有趣的数学游戏、竞赛，增强学生对数学学习的兴趣，营造数学学习的氛围，展现数学魅力，启迪智慧，提升学生的数学学科素养。
英语文化周	在每年的圣诞节开展英语歌曲比赛、英语舞台剧表演、西方文化知识竞赛等英语活动，为学生搭建展示英语技能的平台。	营造良好的英语学习氛围，激发学生对英语学习的兴趣，让他们体验西方文化，开阔视野。
心理健康活动月	每年有不同的主题，设置电影、讲座、心理剧比赛、心理健康知识科普、心理游戏、积极心理小贴士等环节，在轻松愉悦的氛围中开展活动。	学生在轻松愉快的氛围中学习心理健康的相关知识，对心理学与个人生活的相关性有所启发，从而在生活中能够运用相关知识，积极、乐观、幸福地成长，达成心理健康的目标。

续表

活动名称	活动概述	教育目的
科技节	科学小制作、科幻画、小发明、3D打印、四驱车拼装等一切创意在这里绽放。活动包括作品展示、科普知识竞赛评比、拍卖会、发布会等，形式多样。	给学生一个彰显创意的平台，鼓励学生创新，着重培养学生的综合思维能力；激发学生学习科学知识的兴趣，开发学生的潜能，提高学生的动手动脑能力，让学生在科技活动中认识到生活离不开科技与创新，体验科技活动过程中的快乐，提高科学素养。
艺术节	开展丰富多彩的艺术活动，组织班级合唱比赛，校园声乐、器乐、舞蹈比赛；组织画展，举办水墨画、油画、水彩画、素描比赛，开展创意拼贴画创作活动等。	营造良好的文化艺术教育氛围，让学生在浓厚的艺术氛围里开启多种感知通道，打开情感的闸门；激发学生对艺术的兴趣，培养学生健康的审美情趣和良好的艺术修养，促进综合技能的发展。
体育节	举行各种体育活动比赛，例如跳绳、跳远、仰卧起坐、接力赛等，以及各种趣味项目，例如两人三足跑、抱球跑、同舟共济、袋鼠跳、接力赛等。	培养学生合作、自信、勇敢、公平竞争和团队意识等良好品质，引导其体验参与的乐趣，享受成功的喜悦，树立“健康第一”的思想及终身锻炼的意识。

（四）魅力中国节活动

引导学生体验与感受中华民族传统节日中蕴含的传统文化、习俗与美德，促进学生对中华优秀传统文化的理解，增强爱国情感，使其乐于传承与发扬中华优秀传统文化（见表4.8）。

表4.8　魅力中国节活动一览

节日	活动概述	教育目的
春节	春节正值寒假期间，邀请学生在家制作“祝岁册”，庆祝中华民族重要的传统节日之一。在开学时，对作品进行点评、展示、表彰。	深入挖掘春节所凝结的中华优秀传统文化内涵，增强学生对中华优秀传统文化的认同感和自豪感。
端午节	开展包粽子、吃粽子、制作端午节手抄报、挂香袋、系五色绳、端午节诗歌朗诵等活动。	通过端午节进一步了解中国的传统节日，用心去体验我国传统节日蕴含的意义，缅怀爱国诗人屈原；在活动中锻炼和发展学生的动手能力，增进学生对中华优秀传统文化的了解。
清明节	每年清明节设有不同的主题，根据主题开展多样化的清明活动，例如国旗下的主题展演、网络祭英烈、寻味清明、清明的色彩与清明的旅行等活动。	弘扬中华优秀传统文化，缅怀英烈，寄托哀思；增进学生对清明节的了解，引导其用感官切身感受清明节的特色饮食与节日所传达的情感。
中秋节	学生动手装扮班级，营造中秋节的节日气氛；升旗仪式中表演与月、中秋有关的歌舞，朗诵诗歌，展示书法，为全体师生送上祝福。同时，在主题班会中让学生了解与中秋有关的故事，猜灯谜，了解中秋的来历；通过绘画、作诗来表达对中秋的理解；制作月饼，共享甜蜜。	通过形式多样、丰富多彩的活动让学生走近中秋，感受中秋佳节传递的思乡之情和祝福团圆的美好情感；传承中华优秀传统文化，激发学生的民族自豪感，并在活动中培养学生的主体参与意识、动手能力和团结合作精神。

（五）社会综合实践活动

“千里之行，始于足下。”社会综合实践活动秉承知行合一的理念，每学期开展一至两次，低年级学生选择较近的实践地点，中高年级的学生可以到远一些的地方。此类活动使学生将童真童趣播撒在走过的每一条道路，让学生走出去，接触、感知、了解、领悟外界事物，同时在实践中验证知识、总结经验、不断实践，最终成长为有责任感的合格市民以及有能力适应未来的地球村公民。

（六）家长课堂

家长志愿者服务部自成立以来，为学校和学生提供了各种服务和支持，他们以“因为孩子，我们在一起”为理念，以“家校共同携手，共建美好莲南”为目标，为学校的教育教学和跨越式发展作出了积极贡献，推动形成了良好的家校共育氛围。由260余名家长组成的志愿者队伍中不乏各个行业、领域的人才，于是，学校设置了家长课堂，邀请家长来到学校开课，传授经验。目前家长已经自主开设了手工编织、蝴蝶结发夹制作、压花、动漫人物绘画、硬笔书法、手工绘画以及西班牙语等课程，不仅提高了学生的技能，促进了学校的课程建设，也使亲子关系更加融洽、家校联系更加紧密。

四、芬芳课程浸润心灵

校园即课堂，一切皆课程，两者潜移默化、润物无声地影响学生。学校通过为师生创造人文环境与物理环境来实现对师生心灵的给养。

（一）营造具有自然气息的人文环境

学校着力营造富有自然气息的人文环境，引导师生在潜移默化中受到熏陶和感染。合力树作为学校的标志性景观，是一棵有故事的树，也象征着莲南精神，时刻鼓舞着师生奋发向上、携手共进。学校正是希望通过这样一棵特别的树，引导师生聆听自然的声音，感悟生命的真谛。此外，学校还在教学楼一层和二层大厅放置了艺术作品《草木的灵长》

与《虫鸟的世界》，生动再现了大自然的灵性与美感。

为了进一步加强师生与自然的联系，学校还开辟了读书园地，营造轻松惬意的阅读氛围；同时开设自然课堂，要求学生选择一类植物作为研究对象，通过系统观察和分析，掌握科学探究的基本方法，加深对植物的认识和理解。学校开展这类自然教育活动，正是为了引导学生树立科学精神，掌握科学方法，懂得欣赏和珍惜美好的事物，这对他们的终身发展大有裨益。

此外，学校还计划从校园铃声入手，征集富有自然气息的音乐作为上下课和放学的提示音。在悦耳的旋律中，伴随清晨的第一缕阳光，学生将迎来崭新的一天，校园生活的方方面面也都将充满生机与活力。教育家杜威认为，教育即生长。生长不仅仅是生理方面的，更重要的是精神和心灵的成长。莲南小学的种种做法，无不体现了这一教育理念，其正在成为学生心灵成长的沃土。

（二）打造具有自然特色的物理环境

莲南小学在努力营造具有自然气息的人文环境的同时，也注重打造具有自然特色的物理环境。学校积极与仙湖植物园开展合作，计划在校园中建造花境，优化园林园艺，为校园增添勃勃生机。英国教育家洛克曾指出，教育应当顺应孩子的天性，激发他们的兴趣，培养他们敏锐的观察力。莲南小学本着这一宗旨，努力为学生创设生动活泼、赏心悦目的校园环境，激发他们亲近自然、热爱生活的情感。此外，学校还计划引入仙湖植物园的科普展览，让学校成为每年全国科普日的分会场之一。在植物学专家的引领下，师生将走进神奇的植物世界，领略自然的丰富与多彩。学校希望以此为契机，在师生心中播下科学的种子，引领他们去探索、发现和学习，从而收获智慧的果实。

作为面向未来的学校，莲南小学还将充分利用信息技术手段，为师生构建一个虚拟的自然体验空间。通过VR、AR等技术，学生可以在“山川草木”中漫游，在“虫鸣鸟啼”中遐想，在“清风明月”里放飞心灵。莲南小学努力为学生插上科技的翅膀，引领他们在现实与虚拟的时空中自由翱翔，与大自然和谐共生。

莲南小学致力于为学生打造一个求知家园，让学生在亲近自然中感悟生命，在探索科学中启迪智慧，在关爱他人中陶冶情操，最终成长为身心健康、全面发展的时代新人。正是本着这样的教育理念，莲南小学倾心打造“自然”主题的育人环境，引领学生走进生机勃勃的大自然，在美的熏陶和智的启迪中茁壮成长、拔节生辉。

第五章

科学高效的课后服务评价体系

课后服务评价是衡量课程实施效果、保障育人目标达成的重要环节，已成为中小学教育评价工作的关键组成部分。教育部等六部门发布的《义务教育质量评价指南》将课后服务质量列入学校办学质量评价的重要维度，进一步凸显了课后服务评价的重要地位。作为课程目标考核的技术手段和重要途径，课后服务评价机制应立足于客观、科学、公正、多样的评价标准，注重对课程实施全过程的多维度考察。评价不仅是检验课程实施效果的手段，更是指引学校课程建设方向的标杆，既是对教育工作的激励和肯定，也是促进自我完善的动力。莲南小学课程评价采用定性与定量相结合的方法，对课程体系的立意、规划、实施、效果等方面进行系统评估，通过评价数据的反馈不断优化课程建设，切实彰显评价的诊断、改进和发展功能，为促进学生全面发展提供有力保障。

第一节 课后服务评价的基本理念

一、多元化主体参与

课程评价是教育教学改革与发展的重要抓手，建立科学合理的多元主体参与机制对提升课程评价的科学性和有效性具有重要意义。莲南小学立足实际，构建了由课程发展委员会、教师团队、学生群体等多方参与的课程评价体系，形成了富有特色的评价实践模式。

（一）课程发展委员会统领

学校设立由课程主导者、教师代表、家长代表、社区代表和专家学者组成的课程发展委员会，作为评价工作的最高决策单元。课程发展委员会负责评价体系的顶层设计和整体规划，明确评价的目标导向、基本原则和实施策略，确定评价的问题的领域、方法选择和内容框架。同时，建立定期会商机制，及时研究和解决评价过程中的重点、难点问题，确保评价工作的科学性和有效性。

（二）学校教师主导

教师作为课程开发和实施的核心主体，承担着评价工作的主体责任。通过建立常态化的专业反思机制，教师对课程目标设定的科学性、内容选择的适切性、教学实施的有效性等进行系统性评估。在评价过程中，注重运用课堂观察、学生作品分析、教学反思日志等多种方法，收集真实的评价数据。同时，通过同伴互评机制，促进教师之间的专业对话和经验共享，推动课程持续优化和改进。

（三）学生积极参与

确立学生作为课程参与主体的地位，充分发挥学生在评价中的主体作用。学校建立学生自评与互评相结合的评价机制，引导学生从学习者视角评估课程目标的适切性、实施过程的有效性和学习效果的达成度；通过建立学生成长档案，记录学生在课程学习中的进步轨迹，形成发展性评价证据。此外，学校也注重培养学生的评价能力，使其能够科学地评价自己和同伴的学习表现。

（四）评价共同体协同

构建专业学习共同体，通过同伴互助、经验共享和集体研讨，形成基于实践的评价反馈机制。共同体定期开展主题研讨，深入分析课程实施中的典型案例，总结成功经验，分析问题，提出改进建议。学校还通过建立课程资源库，积累评价工具和评价案例，为教师开展评价工作提供专业支持。

多元主体参与的课程评价机制是莲南小学课程建设的重要特色和创新亮点。通过构建由课程发展委员会统领、学校教师主导、学生积极参与、评价共同体协同的多层次评价框架，学校实现了评价主体的多元化和评价视角的多维度融合。这一机制既确保了评价工作的专业性和科学性，又提供了多方利益相关者参与课程建设的有效途径。在实践中，各评价主体通过有机分工与协作，相互支持、相互促进，推动了课程评价从单一走向多元、从碎片走向整体、从静态走向动态的转变。这种基于多元评价理论的实践探索，不仅丰富了学校课程评价的方法论，也为建构更加科学、更具实效的课程评价体系提供了有益参考。后续，学校将进一步完善各主体的参与机制，优化评价工具和方法，持续提升课程评价的质量和水平，为推动课程改革与发展提供有力支撑。

二、全面性内容覆盖

课后服务评价机制的综合化思想主要体现在评价内容方面。在进行课后服务评价时，学校需建立完善的综合评价体系，形成全过程、多方位、多视角的质量评价观，将课后服务项目发展的各个方面都纳入评价之中。具体而言，课后服务评价的综合化主要体现在以下几个方面。

（一）学生发展的综评价

学校要建立全面的学生发展评价体系，既关注学业质量，又重视综合素养。一方面，要对学生参与课后服务后在德智体美劳各方面的表现进行系统评价，科学记录其知识技能、思维品质、实践能力等方面的进步；另一方面，要注重评价学生的非认知发展情况，包括学习兴趣、学习态度、意志品质、创新意识、合作能力等。通过建立学生成长档案，学校能够全面记录和追踪学生在课后服务中的发展轨迹，形成对学生全方位的科学评价。

（二）课程资源的质量评价

对课后服务中的课程资源进行全面评价是确保服务质量的重要环节。首先，要制定科学的课程评价标准，对课程目标的合理性、内容的适切性、实施的可行性等进行系统评估。其次，要重点评价引进的校外课程与资源，包括课程提供方的资质、课程内容的规范性、活动设计的创新性、收费标准的合理性等。再次，要建立课程资源库，对优质课程进行收集整理，形成可持续发展的课程资源保障机制。通过严格的课程评价，学校能够确保课后服务课程的整体质量。

（三）实施过程的动态评价

课后服务评价应贯穿服务实施的全过程，形成动态化的评价机制。要对服务实施的各个环节进行全程监测，包括教师资质审核、课程实施监督、活动开展反馈、家长满意度调查等。同时，建立常态化的过程性评价机制，通过课堂观察、活动记录、问卷调查等多种方式，及时收集评价信息，发现问题并进行改进。此外，要注重对不同实施主体的评价，包括任课教师、外聘人员、管理人员等，形成多维度的过程评价体系。

（四）服务效果的综合评估

课后服务效果评估是整个评价体系的关键环节，需要从多个维度进行综合考察。首先，要评估服务目标的达成度，包括对学生学业辅导、兴趣培养、习惯养成等预期目标的实现程度。其次，要评价服务对象的满意度，通过家长问卷、学生访谈等方式，了解服务使用者真实需求的满足情况。最后，要评估服务的社会效益，包括对学校教育质量提升、教师专业发展、家校协同等方面的促进作用。通过多维度的效果评估，学校可以形成对课后服务质量的整体性判断。

三、多样化评价方式

在构筑课后服务评价体系的基本逻辑中，多样化评价方式是一条创新且关键的路径。随着教育理念的进步与技术的发展，传统的单一性、片面性评价方式已难以满足对课后服务质量进行全面、深入评估的需求。因此，探索并实践多样化的评价方式，成为提升课后服务评价效能、促进教育公平与质量提升的重要途径。在这一理念的指引下，莲南小学积极探索课后服务多元评价模式的创新实践。学校深刻认识到以考试为主的单一评价方式不仅磨灭了各类课程间的差异，也不利于学生的个性化发展。学校基于课程的特点，打造了多样化评价方式，更加注重课程过程性评价和发展性评价，以个性化方式呈现学生的课程表现、学习成果和各项素养能力的发展情况，帮助学生明确自己的优势和可提升的空间，以便更好地规划自己的学习路径，也帮助教师全面了解学生，提升自身教学质量。当前规划的评价方式主要从分层、分段、分梯度三个角度出发。

（一）分层评价——“价值花”评价法

该评价方法主要用于德育方面的评价，根据课程目标中“品行端正”“大方得体”的具体内容，对照评价内容中“学生发展评价”的具体指标来检验学生在不同年段是否达标。首先，我们将对评价进行分层，如图5.1所示。

图5.1 “价值花”示意图

上图中的“价值花”共有12个品格点，分为三个层次。第一层：行为文明、诚实守信、爱护环境、待人有礼；第二层：遵守规则、诚信正直、珍惜资源、有礼有序；第三层：公正守法、自尊自律、爱护生态、谦逊有礼。12个品格点共同构成“莲品格”，学校于每学期末对学生“品行端正”“大方得体”这两个课程目标进行评价，能达到第三层品格的学生则可以获得“莲品格”认证，在其毕业评价中也会有相应的记录。

（二）分段评价——“学习流”评价法

“学习流”评价法是一种过程性评价，关注学生求知、探索的学习过程，重视动态的、难以量化的、高层次的学习过程和学习效果。该评价法通过在学习进程中对学习者实时评价，将评价过程与学习过程结合，为学习者提供即时反馈、引导、激励、调节等方面的学习支持。

“学习流”评价主要关注学生各学科的日常作业、课程作品的完成情况以及活动参与的情况，如图5.2。

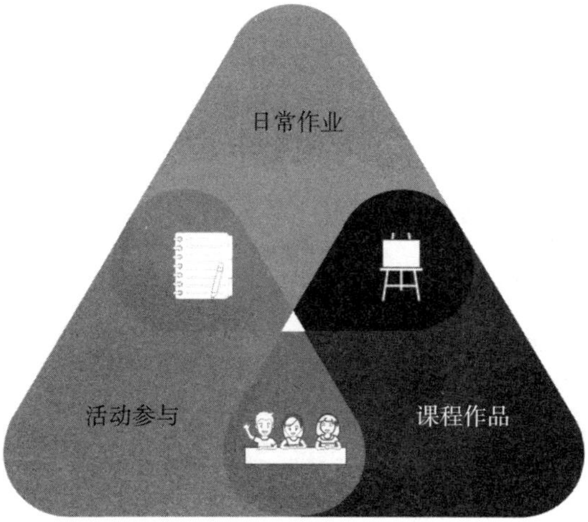

图5.2 “学习流”评价

作业方面，如果学生当日作业书写工整且全部正确，可以根据学生性别，得一个“莲莲”或“南南”的印章并积累在学生电子档案中；如果一天内没有订正作业中出现的错误，会减少一个“莲莲”或“南南”的印章。

作品类的过程评价主要通过以下方式开展：学生、家长或任课老师将图片、视频等形式录入个人电子档案。每学期积累的作品个数、质量、创意度、受欢迎度等都是对学生进行评价的重要参考依据。在期中或期末等学期关键节点，学校可以为学生提供展示的平台。例如美术学科或与美术关联的校本课程，学生会在课程中完成个人或小组作品。期末时，学校可专门为学生划定一个区域作为作品展示区，参展学生在教师、家长、同学的帮助下对展示区进行装饰。展示期间，“小作者”在展示现场向观众解读作品。这些作品也可以上传到学校的智慧平台供全校师生投票选举，每个年级评出一个优秀作品与优秀设计师。获得年级前三的作品，由学校为其颁发相应的奖状与奖品作为肯定和认证。活动参与情况的记录主要以参与次数和参与活动的视频、照片等内容为主，参与活动的次数达到学期总活动的60%即为合格，参与达80%以上次数的，即为优秀。

期末，各课程的教师根据以上记录，结合相关课程目标，得出学生在本课程中的期末总评。最终在期末总评中能够在“勤学上进”“才思敏捷”两个课程目标中达标的学生即为拥有“水智慧”的莲南学子。

（三）分梯度评价——“体能金字塔”评价法

该评价方法主要用于对学生身体状态的评价，根据“身强体健”这一课程目标的具体内容，结合评价内容中“学生发展评价”的评价指标进行评价。根据小学生身体状态的不同水平与体育课程标准中的要求，学校结合自身课程目标中“身强体健”“砥砺坚韧”的内涵，搭建出“体能金字塔”，包含对学生身体状态、运动情况、身体素质方面发展的评定，如图5.3所示。

图5.3 “体能金字塔”评价

根据每一个等级的要求，教师在日常的体育课程、体育活动或体测中对学生的体能进行评定。

四、智慧化技术赋能

随着互联网、物联网技术的蓬勃发展，智能工具的应用为学校课后服务评价提供了新的可能。在保持传统评价方式的基础上，合理运用信息化手段，可以为课后服务评价提供有益补充。这不仅有助于提升评价的效率和准确性，也能为课后服务的持续改进提供更多支持。在具体实践中，学校应立足实际情况，循序渐进地推进信息化评价手段的应用，确保其能够切实服务于教育教学。结合当前学校发展现状，可从以下几个方面加以推进。

（一）优化数据采集

传统的课后服务评价主要依靠教师手工记录和整理，工作量较大且容易出现疏漏。搭建简单的信息化平台可以帮助教师更方便地进行日常记录，提高工作效率。例如，利用移动终端记录学生的出勤情况、活动参与度、作业完成情况等基础数据，避免重复填写纸质表格；通过电子表格定期汇总学生在各类课程中的表现情况，便于后期查询和统计；建立电子成长档案，系统记录学生在课后服务中的成长轨迹，包括课程参与情况、作品展示、技能提升等多个维度。这些数字化的记录方式不仅可以减轻教师的工作负担，提高数据收集的效率，还能为后续的教育教学决策提供更可靠的依据。同时，规范化的数据采集流程也能够保证评价数据的完整性和准确性，为科学评价提供基础支撑。

（二）完善信息反馈

借助信息化手段，可以有效拓宽课后服务的反馈渠道，构建更加便捷的沟通桥梁。学校可以开发简单的家校互动平台，方便教师与家长及时沟通学生在课后服务中的表现，包括学习态度、兴趣发展、能力提升等方面的情况。同时，学校也可以定期通过网络问卷收集家长和学生对课后服务的意见和建议，深入了解他们对课程设置、教学安排、课后服务质量等方面的实际需求和期望。通过建立常态化的反馈机制，学校能够及时掌握各方对课后服务的评价意见，发现存在的问题和不足。这种即时互动机制不仅有助于提高家校沟通的效率，也能为课后服务的持续改进提供重要参考。此外，通过信息化平台收集的反馈数据，还可以帮助学校更好地把握服务对象的需求变化，为课后服务的优化调整提供决策依据。

（三）开展个性评价

在保持传统评价方式的基础上，可以适当运用信息技术手段辅助开展个性化评价，提升评价的科学性和针对性。通过建立电子档案，系统记录学生在不同课程中的表现和进步情况，包括知识掌握程度、技能发展水平、兴趣特长培养等多个方面；利用简单的统计分析工具，可以帮助教师更好地了解每位学生的学习特点、发展需求和成长规律；根据统计分析结果，可以为学生提供更有针对性的指导建议，帮助其更好地规划学习路径。这些信息化手段的应用，可以帮助教师突破传统评价方式的局限，更全面、更客观地了解学生的发展状况，从而更好地因材施教。同时，个性化的评价数据还可以帮助学生更清晰地认识自己的优势和不足，为自主学习提供方向指引。

（四）提升评价效果

通过信息化手段对课后服务评价数据进行系统整理和深入分析，可以为教学改进和管理决策提供重要参考。学校可以定期对课程参与度、学生表现、家长反馈等数据进行统计分析，识别课后服务中存在的普遍问题并确定改进方向；基于数据分析结果，有针对性地调整课程设置，优化教学策略，改进服务方式；总结和推广优秀教师的成功经验和有效做法，促进教师专业能力的提升；建立评价数据分析报告制度，定期向相关参与方反馈评价结果，有助于推动课后服务质量的持续提升。同时，还可以利用数据分析结果，优化资源配置，提高课后服务的实施效益。

以上信息化手段的合理运用，可以在传统评价方式的基础上，不断提升课后服务评价的效率和实效性。需要注意的是，信息化手段是对传统评价的有益补充而非完全替代，关键还是要立足学校实际情况，科学规划、稳步推进，确保信息化手段能够切实服务于课后服务质量的提升。在具体实施过程中，要注重加强对教师信息技术应用能力的培训，提高其利用信息化手段开展评价的水平。同时，要建立相应的制度保障，规范信息化评价的实施流程，确保评价工作的有序开展。此外，还要重视信息安全和隐私保护，建立必要的安全防护机制，确保评价数据的安全可靠。

第二节　课后服务评价的实施路径

课后服务评价需要遵循一定的实施路径，包括明确评价目标、把握评价原则、灵活运用评价方法以及规范评价流程等。系统设计和规范评价实施路径，可以保证评价工作的科学性、针对性和有效性，为课后服务工作提供及时、准确的反馈，推动其不断优化和完善。

一、明确的目标导向

课后服务的评价目标是多维度且综合性的，旨在全面衡量并优化这一教育延伸服务的效果与影响。它不仅关注学生的课业负担、学习效果及全面发展，还重视学校课后服务质量的提升以及家长满意度的提高。通过构建科学合理的评价体系，学校旨在确保课后服务能够真正惠及学生、家长及社会，促进学生健康成长，推动教育公平与质量的持续提升。

（一）减轻学生课业负担

减轻课业负担：课后服务的首要目标是帮助学生完成学校作业，特别是对于学习有困难的学生，为其提供学习辅导与答疑，以减少家庭作业带来的压力。通过在学校内完成部分作业，学生可以有更多时间休息和进行课外活动，从而达到身心放松的效果。

提升学习效果：除了完成作业外，课后服务通过开设丰富多彩的科普、文体、艺术等活动，为学生提供了拓展学习空间的机会，能够激发学生的学习兴趣，提高他们的学习效率和效果。

（二）促进学生全面发展

促进全面发展：课后服务注重学生综合素质的培养，通过提供多样化的课程和活动，如体育、艺术、劳动实践等，使学生在德智体美劳各个方面得到均衡发展。

培养兴趣：课后服务还鼓励学生根据自己的兴趣爱好参加兴趣小组和社团活动，如科学探索、文学创作、音乐舞蹈等，以培养学生的特长，为他们的未来发展奠定坚实基础。

（三）提升课后服务质量

丰富课程内容：课后服务的开展促使学校不断丰富和完善课程内容，

以满足学生的多样化需求。学校需要根据学生的年龄特点和兴趣爱好，设计科学合理的课程和活动方案，确保课后服务的质量和效果。

优化资源配置：为了提高课后服务的质量，学校需要合理配置资源，包括师资力量、教学设施等。通过加强师资培训、完善教学设施等措施，学校可以为学生提供更加优质的课后服务。

（四）提高家长的满意度

减轻家长负担：课后服务的开展可以减轻家长的负担，对于那些工作繁忙、无法在家辅导孩子作业的家长来说，更是一种福音。学校提供的课后服务可以确保学生在学校内得到充分的照顾和辅导，让家长更加放心。

增进家校沟通：课后服务还为家校沟通提供了更多的机会和平台。学校可以通过家长会、家访等方式，收集家长对课后服务的意见和建议，及时调整和完善服务方案，以满足家长的需求和期望。

二、清晰的原则指引

为建设科学、全面的课后服务评价体系，加大对课后服务的监管力度，满足课后服务的发展需求，需遵循以下四个原则。

（一）全面性原则

课后服务由课后托管发展而来，最初是为了解决“三点半”难题，为学生提供放学后的看管服务，其目标以保障学生安全为主。但随着教育理念的发展以及“双减”政策的提出，现在的课后服务已经不单单以看管学生、保障学生安全为目标。课后服务中增添了作业辅导、特色课程开设等内容，旨在通过作业辅导减轻学生回家后的负担，通过特色课程助力素质教育，助力学生全方位素养提升。因此，在课后服务的评价过程中，要注重这三个维度评价的结合，保证课后服务全方位的质量提升。评价体系应涵盖课后服务课程的各个方面，包括课程设计、师资配置、学生管理、质量监控等，以确保评价的全面性和客观性。

（二）多元化原则

参与课后服务评价的主体应包括教育局、学校、教师、学生、家长等多个层面，以保证评价的全面性与客观性。同时，各个主体通过自己的立场与标准进行评价，能够提供多元视角下的评价结果，进一步提升评价的有效性。具体来说，通过评价结果之间的相互验证，能够减少因主观评价而带来的误差；通过教育局与学校层面的宏观评价，能够为课后服务的整个建设体系与实施流程提供建设性意见；通过教师、学生与家长层面的微观评价，能够为课后服务的具体实施情况提供操作性意见。

（三）定量与定性相结合原则

课后服务的评价维度较多，用定量评价并不能全面覆盖每个维度，因此需要一定的定性评价作为补充，以实现定性评价与定量评价的有机结合。具体来说，针对课后服务的师资配备数量、场地提供情况等可以进行定量评价，而特色课程设置的目标与学生发展要求的契合度以及学生对课后服务的满意度等则需要进行定性评价。因此，在进行课后服务评价时，要注意定量评价与定性评价在不同维度上的不同作用，两种评价相辅相成，才能保证最终评价结果的完整性和客观性。

（四）可操作性原则

评价体系应具有可操作性和实用性，方便学校和教师操作，同时也方便学生和家长了解和参与。除此之外，课后服务课程的可操作性原则也是保证课程实施效果的关键，评价时应充分考虑。它要求课程设计不仅要考虑理论知识的传递，更要关注学生在实践中的体验与成长。在设定课程时，要明确具体的教学目标，这些目标不仅应当与课程内容紧密相关，还需具有可衡量性，为学生指明清晰的学习路径。要注重课程的实践性，通过丰富的案例分析和模拟演练，让学生在实践中感知知识的力量，从而激发他们的学习兴趣，提高学习效果。在这一过程中，需关注学生的个体差异，尊重每位学生的学习风格和需求。通过细致入微的观察和及时的反馈调整，学校得以帮助学生在课后服务课程中找到适合自己的学习节奏，并获得实质性的成长。

三、灵活的方法运用

课后服务的评价方法是一个综合性的体系，旨在全面、客观地评估课后服务的质量与效果。这些方法涵盖了对学生学习成果、服务满意度、服务运行情况以及成本效益等多个维度的考量，旨在通过科学、合理的评估手段，为课后服务的持续改进和优化提供有力支持。

（一）观察法

在课后服务评价中，观察法是一种直观且重要的评估手段。具体而言，评价者（如教师、督导员或第三方评估人员）会亲自参与到课后服务的实际场景中，通过细致入微的观察来记录和分析服务的各个方面。

这种方法侧重于捕捉学生在参与课后服务时的行为表现、情绪状态以及与教师和其他学生的互动情况。

通过观察法，评价者能够直接获取课后服务实施过程中的第一手资料，为后续的评价分析提供有力的依据。这些观察数据不仅可以帮助评价者了解课后服务的整体运行情况，还能够揭示服务中存在的具体问题，如学生参与度不高、教师教学方法单一等。基于这些观察结果，评价者可以有针对性地提出改进建议，以促进课后服务的持续优化和提升。

（二）问卷法

在课后服务评价中，问卷法是一种广泛应用且高效的数据收集方式。评价者会设计一份包含单项选择题、多项选择题、填空题或开放性问题等题型的问卷，旨在全面了解课后服务的多个维度，如课程内容、教学质量、学生参与度、环境设施及满意度等。这份问卷会被分发给课后服务的直接参与者，包括学生、教师及家长，邀请他们根据自己的实际体验填写。为了解学校课后服务课程体系的建设情况，学校面向全校参与课后服务的学生的家长开展问卷调查，共回收有效问卷2414份。通过对问卷数据进行统计分析发现，82.05%的家长非常满意，17.73%的家长基本满意，仅有0.22%的家长不太满意。由此可见，99.78%的家长对学校课后服务课程建设与实施的满意度较高，表明学校课后服务课程体系实施效果较好，家长对学校课后服务课程体系认可度较高。

通过问卷法，评价者能够迅速收集大量的标准化数据，这些数据经过统计分析后，能够客观地反映出课后服务的整体状况及存在的问题。问卷中的封闭性问题便于量化分析，如通过统计满意度评分的平均值来衡量服务的总体满意度；开放性问题则能提供更多深入、具体的反馈，帮助评价者了解受访者的真实想法和建议。此外，问卷法还具有匿名性和便捷性等优点，有助于鼓励受访者更加坦诚地表达意见，同时也方便评价者进行大规模的数据收集和分析。

（三）访谈法

在课后服务评价中，访谈法是一种深入了解参与者感受与看法的有效手段。评价者会精心设计一系列问题，邀请课后服务的直接参与者（学生、教师及家长）进行一对一或小组访谈。访谈过程中，评价者会鼓励受访者自由表达他们在课后服务中的体验、收获、挑战以及对服务改进的建议。

通过访谈法，评价者能够直接听到来自不同角度的声音，这些声音往往包含了问卷法或观察法难以捕捉到的细节和深度见解。例如，学生可以分享他们在课后服务中最感兴趣的活动，以及这些活动如何帮助他们在学业或兴趣上取得进步；教师可以讨论他们在实施过程中遇到的挑战和成功的经验，以及他们对学生学习成效的观察；家长则可以表达他们对课后服务质量的看法，包括服务内容是否满足孩子需求、师资力量是否足够强大等。学校课后服务开展以来，全校学生参与度达到98.2%。诗词创作、咏春拳等热门课程在选课季一度出现“秒空”现象。随机挑选两个班级92位学生进行访谈，94%的访谈者表示喜欢学校的课后服务课程，因为不仅作业减少了，个人有更多的课程选择，还有充分的睡眠和运动时间。

访谈法的运用，不仅丰富了课后服务评价的数据来源，还增强了评价结果的全面性和可信度。评价者可以根据访谈内容，结合其他评价方法所得到的数据，综合评估课后服务的整体效果，并据此提出更加精准和有效的改进建议。

（四）成果展示

在课后服务评价中，成果展示法是一种极具说服力的评估方式，它通过学生作业、创意作品、项目报告等多元化形式的展示，全面而深入地揭示了学生在参与课后服务过程中所取得的成长与进步。这些精心准备和挑选出来的展示内容，不仅体现了学生对学科知识的掌握程度，还展现了他们在艺术创作、科学探究、社会实践等多个领域的才华与潜能。作业作为学生日常学习成果的缩影，反映了学生对课堂知识的理解和应用能力；而创意作品，如手工艺品、编程项目、科学实验等，更是学生创新思维和动手能力的直接体现。此外，项目报告、演讲展示等形式，让学生在团队协作、信息整合及公开表达等方面得到了锻炼与提升。

通过成果展示，学生有机会在全校师生及家长面前展示自己的学习成果，这不仅增强了他们的自信心和成就感，也促进了学生之间的交流与分享。同时，评价者能够直观地看到学生在课后服务中的具体表现和成长轨迹，从而更加全面、客观地评估课后服务的质量和效果。最终，这些宝贵的成果展示将成为推动课后服务持续优化与提升的重要参考依据。

四、规范的流程管控

（一）设计评价方案

在课后服务评价初期，需精心设计一套全面、科学的评价方案。这包括明确评价目标、确定评价维度（如学生参与度、学习成效、服务质量等）、选择或开发合适的评价工具（如问卷调查、观察记录表、访谈提纲、作品评价量表等）。同时，还需考虑评价方法的多样性和互补性，确保能够全面捕捉课后服务的各个方面。设计过程中，需充分调研参与者的需求和期望，确保评价方案既符合实际，又具有可操作性。

（二）组织实施评价活动

评价方案的实施是评价流程中的关键环节。在此阶段，需明确评价的时间节点、参与人员及职责分工，确保评价活动有序进行。其间，可通过发放问卷、组织访谈、观察等多种方式，全面收集关于课后服务的信息和数据；同时，注重评价过程的公正性和透明度，确保所有参与者都能充分表达意见和看法。在实施过程中，还需灵活应对可能出现的问题和挑战，及时调整评价策略和方法。

（三）收集、整理评价数据

评价数据的收集与整理是确保评价结果准确性的基础。在收集阶段，须确保数据的完整性和准确性，避免遗漏或错误。整理数据时，需对数据进行分类、编码和汇总，以便后续分析。同时，还需对数据进行清洗和校验，剔除无效或异常数据。在整理过程中，需注重数据的保密性和安全性，确保个人信息不被泄露。

（四）分析评价结果，撰写评价报告

对收集到的评价数据进行深入分析是评价流程中的重要步骤，可通过统计分析、趋势分析、关联分析等方法，揭示数据背后的规律和趋

势。在此基础上，撰写评价报告，对课后服务的整体状况、亮点与不足进行客观描述和深入分析。报告应结构清晰、逻辑严密、语言准确，便于读者理解和使用。同时，还要有针对性地提出改进建议，助力课后服务持续优化。

（五）反馈评价结果，制定改进措施

评价结果的反馈是评价流程的收尾环节，也是推动课后服务改进的关键。评价者须将评价结果及时、准确地反馈给相关人员，包括学校管理层、教师、学生及家长等。学校可通过召开反馈会议、发布评价报告等方式，确保评价结果得到广泛传达和深入理解。在此基础上，制定具体的改进措施，明确改进目标、任务和责任分工。同时，建立跟踪评估机制，定期对改进措施的实施效果进行评估和调整，确保课后服务质量持续提升。

第三节　课后服务评价的基本指标

在评价内容上，主要分为三个部分，分别是对校本课程方案、学生发展、教师发展三方面的内容进行定性及定量的评价，具体而言，即构建校本课程方案评价指标体系、学生能力发展评价指标体系、教师专业发展评价指标体系。科学系统的评价内容可以促进课程的更新与实施，实现以评促学、以评促教。

一、对校本课程方案的评价

学校制定《莲南小学校本课程方案评价指标体系》（见表5.1），明确

评价课程的一、二级指标以及评价要素和评分方法。根据评价得分，学校可以评估课程开发是否充分体现课程目标、是否具有开发的价值、是否需要调整和完善课程的内容等。

表5.1　莲南小学校本课程方案评价指标体系

一级指标	二级指标	评价标准	评分			
			A 1.0	B 0.8	C 0.6	D 0.4
1.学校背景分析和需求评价（12分）	1.1学校背景分析（4分）	分析做到全面、客观、正确，针对性强。				
	1.2学生、学校、社区、社会发展需求和课程资源等要素评估（8分）	①评估各要素的现状、条件、需求和发展等； ②学校的硬件条件、教师的专业素养、课程资源配置等，均为课程方案提供支持。				
2.校本课程总体目标（18分）	2.1明晰学校办学目标和课程定位（10分）	①明晰学校办学目标和培养目标； ②能按照培养“品正如莲、智睿若水、体健似山、自然天成的未来少年”的培养目标开设校本课程。				
	2.2课程发展目标、学生培养目标、教师成长目标（8分）	①课程发展目标：先开发出可实施的校本课程，再完善、发展成为特色校本课程； ②学生培养目标：首先能达成国家课程标准的培养目标，在此基础上达成莲南小学的培养目标； ③教师成长目标：课程设计和实施能力得到提升，有助于促进专业发展。				

续表

一级指标	二级指标	评价标准	评分			
			A 1.0	B 0.8	C 0.6	D 0.4
3. 校本课程结构（26分）	3.1课程结构、课程设置及课程的基本特征（12分）	①课程结构和门类符合国家规定，包括拓展性课程、选择性课程和综合性课程； ②符合校本课程的基本特征，学习内容具有多样性。课程设置种类丰富、组合灵活、分类清晰、合理适切，充分体现莲南小学培养目标。				
	3.2课程的学校特色（8分）	①制订学校课程教材开发计划并稳步推进，采取多种方式开发校本课程，体现学校传统特色及新的增长点； ②初步形成具有办学特色的系列校本课程，编写、出版一批具有学校特色的精品教材。				
	3.3修习方式与课时安排（6分）	①采用必修与选修两种修习方式，确保全体学生都能参与修习校本课程； ②课时分配遵照国家规定，比例恰当，保证周课时总量。				
4. 校本课程实施（22分）	4.1课程实施规范、合理、有序（12分）	①课程安排合理而有序，注意不同年级学生的年龄特点； ②建立学生选课指导制度，规范操作流程，帮助学生自主选择、自我规划整个学段的修习计划； ③组建校本课程综合教研组，加强教学研究和常规检查，规范课程实施环节，逐步提高其适应性、有效性和成长性。				

续表

一级指标	二级指标	评价标准	评分			
			A 1.0	B 0.8	C 0.6	D 0.4
4. 校本课程实施（22分）	4.2 完善课程实施方式（10分）	①重视课程的整体设计，课程纲要、教师用书、学生用书等课程资源应齐全； ②创新教学方式，精心设计问题，动态把握过程，丰富评价方式，提高实施效率； ③强化学生的主体性，根据教学实际与学生情况，及时调整教学内容、教学过程与教学方法。				
5. 校本课程评价（10分）	5.1 课程评价的规范运作（6分）	①每学期组织三种类型的校本课程评价，即课程实施评价、学生学习评价和教师教学评价，并将评价结果作为校本课程调整和完善的依据； ②采用多元自主评价方式，倡导学生自评、互评，重视课程评价的正向激励作用； ③课程实施与课程评价同步，学校的课程目标、课程方案与课程评价相一致。				
	5.2 课程计划的方案评价和方案更新（4分）	①同步编制与校本课程方案配套的方案评价； ②开学前组织新学年校本课程方案实施前的方案评价，及时评估、修订与完善方案。				
6. 校本课程管理和保障（12分）	6.1 建立和健全课程管理制度和管理体系（6分）	①将校本课程纳入学校课程管理网络，完善校本课程教学研究、教师培训和教材开发管理制度； ②建立必要的激励机制与保障制度，鼓励教师、学生主动积极地参与校本课程的实施与评价。				

续表

<table>
<tr><th rowspan="2">一级指标</th><th rowspan="2">二级指标</th><th rowspan="2" colspan="2">评价标准</th><th colspan="4">评分</th></tr>
<tr><th>A
1.0</th><th>B
0.8</th><th>C
0.6</th><th>D
0.4</th></tr>
<tr><td>6. 校本课程管理和保障（12分）</td><td>6.2 加强配套建设，提供课程实施保障（6分）</td><td colspan="2">①有计划地开展教师培训与流动工作，建立一支相对稳定的校本课程科研及教师队伍；
②充分利用和共享现有校本课程资源，加强校本课程资源的自主开发；
③确保校本课程建设与实施的配套设施完善和经费投入合理，对课程建设与实施的投入和效益进行科学评估。</td><td></td><td></td><td></td><td></td></tr>
<tr><td rowspan="2">总体等级评定</td><td>A
（91分以上）</td><td>B
（76 ～ 90分）</td><td>C
（61 ～ 75分）</td><td colspan="4">D
（60分以下）</td></tr>
<tr><td></td><td></td><td></td><td colspan="4"></td></tr>
<tr><td>评语</td><td colspan="7"></td></tr>
<tr><td colspan="8">备注：各指标维度所占分值放在二级指标后面的括号中，A、B、C、D为评分等级，对应的1.0、0.8、0.6、0.4分别为各评分等级所占的权重比例，得分=分值 × 权重比例。
评价方式：对校本课程方案的评价由课程发展委员会及开发校本课程的教师共同完成，评分权重各占50%；校本课程评价体系贯穿于校本课程开发与实施的全过程。</td></tr>
</table>

分项等级评定：各项二级指标的评价分为四个等级（见表5.2）。

表5.2　分项等级评定结果

A	各项评价要素在数量上完全满足要求，质量均达到良好以上水平，且大部分为优秀水平。
B	各项评价要素在数量上大部分达到要求，质量上绝大部分达到良好以上水平。
C	各项评价要素在数量上有一半以上达到要求，质量上绝大部分达到合格以上水平，仅个别非重点要素未合格。
D	各项评价要素在数量上有一半以上空缺，质量没有达到C等级要求。

二、学生能力发展评价

基于培养目标与课程目标对学生能力发展进行评价，评价内容以是否达到各项课程目标所要求的发展水平为标准（见表5.3）。评价主体包括授课教师（占40%）、学生本人（占40%）、学生同伴（占10%）以及家长（占10%）。每学期、每学年、每学段结束时都要对学生的能力发展进行评价。

表5.3 学生能力发展评价指标体系

课程目标	年段		
	低年段（1～2年级）	中年段（3～4年级）	高年段（5～6年级）
品行端正（12分）	1.对自己的言语负责，不撒谎，能认真履行对同学和老师的承诺。（4分） 2.维持课桌整齐，不乱扔垃圾，课间不追逐打闹。（4分） 3. 能掌握70%以上的文明语言和行为，不随意踩踏草坪、伤害动植物。（4分）	1.发现班级同学被欺负时，主动告知老师或进行调解。（4分） 2.遵守班规、校规，能主动提醒同学遵守规则。（4分） 3.能达到《小学生日常行为规范》中的各项要求，节约水电，随手关灯，不破坏花草树木，爱护校园环境。（4分）	1.自己安排自己的课后活动，并能按时完成任务。（4分） 2.对自己和集体负责任，不做违背个人行为规范或违反集体规则的行为。（4分） 3.每年参加一次植树活动，不伤害小动物，保护自然环境。看到他人破坏自然的行为时，能量力而行，及时制止。（4分）

续表

课程目标	年段		
	低年段（1～2年级）	中年段（3～4年级）	高年段（5～6年级）
大方得体（13分）	1.每天与同学、老师、家长交流时都能使用基本的礼貌用语。（6分） 2.能完成自己在班级中的清洁任务，不破坏他人的劳动成果。（7分）	1.在公共场合不大声喧哗，使用文明用语，礼让他人，不插队。（6分） 2.能主动发掘他人的优点，学会使用赞美语言。（7分）	1.以正确的态度面对他人的赞美，保持自己优良的品质。（4分） 2.熟悉自己家乡的礼仪习俗；能轻松说出3个及以上国家的特殊礼仪习惯。（4分） 3.了解社会中的5个特殊群体（如残障人士等），知晓其生活习惯以及相应的社会保障措施，用平等态度对待特殊群体。（5分）
勤学上进（12分）	1.能按时上交作业，获得优秀或良好评价。（6分） 2.喜欢阅读，阅读10本以上的绘本；掌握基本的汉语拼音，能够根据拼音正确读出80%以上的汉语。（6分）	1.在高质量完成学习任务的基础上，能做到主动自习、复习、预习。（4分） 2.对某个领域的书籍产生阅读兴趣，并阅读10本以上该领域的书籍。（4分） 3.对于书籍中不懂的知识点，能够询问长辈或自己查询。（4分）	1.在独立完成学习任务的基础上，每周都能根据自己的情况制定学习计划表，并能进行月度总结。（4分） 2.对3个领域的书籍产生阅读兴趣，并阅读10本以上书籍。（4分） 3.针对每本书籍，能提出3个及以上的问题，并自己探索和解决。（4分）

续表

课程目标	年段		
	低年段（1～2年级）	中年段（3～4年级）	高年段（5～6年级）
才思敏捷（13分）	1.善于主动观察生活，每天能提出3个以上有关生活的问题；对课堂上不懂的内容经常提出疑问。(6分) 2.针对每个科目，找到不同的学习方法，并进行有效学习。(7分)	1.善于提出问题，乐于对生活中的现象进行多角度的思考；善于对比不同事物之间的差别。(6分) 2.能找到一个知识点的两个运用之处，并主动进行其间关系的构建。(7分)	1.能将一个学科中的知识与至少一个其他学科建立关系。(6分) 2.不迷信权威，对接收的信息有批判质疑的精神；对所获信息有疑问时，敢于表达质疑，提问思路清晰，角度多元。(7分)
身强体健（12分）	1.掌握1～2个个人卫生保健知识与方法。(6分) 2.至少参与2个运动项目，每天保持1小时接触自然的时间。(6分)	1.端正坐姿、站姿，每天保持1小时的运动时间。(6分) 2.能在运动时了解自己的身体状态，了解不同运动所用到的身体部位以及注意事项。(6分)	1.了解自己参与的每项运动以及注意事项。(6分) 2.了解不同的自然环境中，如白天、黑夜、晴天、雨天，可进行的活动并合理安排活动，且能及时应对户外环境变化。(6分)
砥砺坚韧（13分）	1.熟知2项体育项目。(6分) 2.能坚持完成每天的运动任务，主动和运动同伴交流心得，提升自己的水平。(7分)	1.主动参加校内外体育活动，掌握1～2项运动技能；了解3～4项奥林匹克运动常识。(6分) 2.在体育运动中学会坚持，形成一定的意志品质；积极应对突发事件，不轻言放弃。(7分)	1.主动参加校内外体育活动；体能测试结果完全达标；熟练掌握2～3项体育技能，发展1项运动特长。(6分) 2.在体育项目中养成不畏艰辛、意志顽强等美好品质；主动参与校运会等体育竞赛活动。(7分)

续表

课程目标	年段		
	低年段（1～2年级）	中年段（3～4年级）	高年段（5～6年级）
热爱生命（12分）	1.能认识校园中至少10种动植物，了解其基本特点。（6分） 2.掌握1个基础自救的常识与技能。（6分）	1.有生命安全意识，主动保护动植物的生命。（6分） 2.掌握2个及以上基础自救的常识与技能。（6分）	1.了解生命的形成过程，懂得自救自护的基本常识，不伤害他人。（6分） 2.了解青春期的生理和心理变化，以积极乐观的心态面对变化，热爱生命。（6分）
知美尚美（13分）	1.能够发现5种以上自然物的美，了解其特点。（6分） 2.在艺术类课程中学习2～3种艺术表达形式；每学期至少与家人参观1次艺术展出。（7分）	1.了解2～3种关于美的艺术表达形式，掌握1～2项艺术表达技能，并能运用在对于自然的感悟之中。（6分） 2.能够找到自己感兴趣的艺术表达形式并作为爱好发展；至少参加1次艺术演出。（7分）	1.能将对于自然美的感悟运用到生活之中，并进行艺术创作。（6分） 2.在音乐、美术、舞蹈等领域发展1～2项艺术专长，并能就自己及他人的艺术作品发表看法。（7分）
总得分			
备注：每个目标的评价分值放在其后括号中，根据真实情况，若完全符合，则得分占该项总分值的100%，基本符合占60%，基本不符合占40%。 总得分：90～100分为优秀，80～89分为良好，60～79分为合格，60分以下为不合格。			

三、教师专业发展评价

教师的专业发展对学校自然教育课程体系建设起着至关重要的作用。教师是课程开发、教学实践的行动主体，故教师在教研和教学上的能力直接决定了课程体系的实施结果。首先，教师要能理解课程开发的脉络，具备课程开发的能力；其次，课程实施要基于教师个人对课程的理解，教师在理解的基础上设计课程，进而将预设的课程付诸实践；最后，教师在实施课程后对过程和结果进行反思。因此，莲南小学将教师的专业发展能力在结构上划分为教师的课程开发能力、课程理解能力、课程设计能力、课程执行能力和课程反思能力这五个维度进行评价，具体指标如表5.4。

表5.4　教师专业发展评价指标体系

评价指标	评价标准	评分			
		A 1.0	B 0.8	C 0.6	D 0.4
1.课程开发能力（20分）	①了解课程开发、课程体系建设的相关理论知识； ②具备课程整合能力，包括整合国家与地方课程，整合各类课程资源，整合学生活动课程，以及整合开发校本课程； ③具备课程评价意识，能够运用多种评价方法对开发的课程进行评价，以便进一步完善课程。				
2. 课程理解能力（20分）	①具备与课程实施相关信息的获取能力，包括对获取渠道的开发以及对信息的筛选能力，加深对课程体系的理解，提高自身的信息素养； ②能够针对获取的信息不断进行学习、记忆和反复思考，联系实践经验把所接收的知识、理论内化为可以运用于实践的思维和方法。				
3. 课程设计能力（20分）	①准确把握课程目标，积极参与课程结构构建、课程内容选择方面的工作，精心安排课程教学形式，具备形成学科课程特色的能力； ②准确定位课程信息，根据定位进行课程信息的收集、比较，并对所得信息进行创新再造，进而呈现在课程中。				

续表

评价指标	评价标准	评分			
		A 1.0	B 0.8	C 0.6	D 0.4
4. 课程执行能力（20分）	①能够根据学校的培养目标、所教内容和学生情况，熟练、灵活地运用多种教学方法进行教学； ②能够在教育教学过程中充分促进学生在“品正如莲、智睿若水、体健似山、自然天成”方面全面发展； ③在课程实施过程中，面对突发事件，可以做到临时调整、灵活应变； ④能够选择、运用一定的新技术手段认识教育现象，解决教育问题。				
5. 课程反思能力（20分）	①能对自己所从事的课程实施活动进行客观审视、回顾、理性思考和评价，并具备经过探究和决策获得有效解决方法和有价值结论的能力； ②在反思课程的基础上，能进一步形成课程判断能力和创新能力。				
总得分					
备注：各指标维度所占分值放在评价指标后面的括号中，评分等级分为A、B、C、D，对应的1.0、0.8、0.6、0.4分别为各评分等级所占的权重比例，得分=分值×权重比例。					

第六章

全面系统的课后服务保障体系

课后服务保障体系作为一个综合性支持网络，旨在确保课后服务能够高效、有序且可持续地运行。该体系涵盖了政策、经费、师资、设施以及管理等多个维度，为课后服务的顺利开展提供了全方位、多层次的保障。

第一节　课后服务保障体系的构建策略

课后服务保障体系是确保课后服务工作有序开展的基础。构建一个全面、系统的课后服务保障体系需要从组织管理、人员配置、内容设计、经费投入、场地设施、安全保障等多方面入手，通过科学规划、统筹协调、多方协同，形成一个运转高效、管理完善、保障有力的工作机制，为课后服务工作的顺利实施提供坚实保障。

一、组织管理与人员配置

（一）组织架构设计

莲南小学应秉持“以学生为中心，以服务为导向”的核心理念，构建灵活高效的服务体系。这要求我们明确课后服务领导小组的核心地位，确保整体规划与决策的科学性和前瞻性；实行扁平化管理，减少管理层级，提升决策执行效率；同时，设立专项工作组，如课程研发、师资培训、安全管理等，以分工明确、协同合作的方式共同推动课后服务的深入发展。此外，家校合作机制的建设同样很重要，学校通过设立家校联络办公室，加强家校沟通，形成教育合力，共同为学生的全面发展保驾护航。

（二）师资队伍建设与管理

课后服务的师资队伍建设与管理，注重选拔与培养并重。学校选拔了一批具有教育热情和专业技能的教师参与课后服务，同时，通过定期培训和外出学习，不断提升教师的教育教学能力。此外，学校建立了师资队伍的动态管理机制，对教师进行绩效考核和评价，确保师资队伍的活力和竞争力。为了激发教师的积极性，学校还制定了教师成长计划，为教师提供职业发展路径，通过职称晋升、表彰等方式增强教师的归属感和责任感，从而为课后服务提供高质量的师资保障。

（三）相关激励机制建设

为激励课后服务人员，学校采取了多元化、系统化的激励措施。一方面，通过设立课后服务专项补贴、绩效奖金等方式，提高教师的工资待遇，激发教师的工作积极性；另一方面，学校重视精神激励，确立优秀课后服务教师、优秀团队等荣誉称号，提升教师的职业荣誉感。同时，学校还为教师提供专业成长和职业发展的机会，如参与课题研究、外出交流学习等，以满足教师的自我发展需求。实施这些综合性的激励措施旨在构建一个公平、有效的激励机制，为课后服务的持续发展提供动力。

二、服务项目与内容设计

（一）整合校内外优质资源

秉持开放合作的理念，积极整合校内外优质资源，才能更好地为课后服务注入活力。学校通过梳理现有资源，包括师资、设施、课程等，实现校内资源的优化配置和高效利用，并深入挖掘校内场地资源，如图书馆、实验室、体育馆等，以充分利用这些资源开展丰富多彩的课外活动。同时，学校还搭建资源共享平台，与社区、企事业单位、公益组织等建立合作关系，引入外部资源，如专业人才、校外活动场地等；制订资源整合规划，明确资源整合的目标、路径和措施，确保资源的有效对接和持续更新；建立资源评价体系，对整合的资源进行质量评估，确保引入的资源符合课后服务的要求和学生发展的需要。这种校内外资源的有效整合不仅能够拓宽学生的视野，还能促进学校与社会的紧密联系，形成教育合力。

（二）课程内容设计与创新

课程内容是课后服务的灵魂。莲南小学在课程内容设计上，紧密围绕学生的兴趣、特长和成长需求展开，注重课程的多样性和创新性。具体措施包括确立课程设计理念，以学生全面发展为核心，注重知识、技能、情感、价值观等方面的培养；构建多元化课程体系，涵盖学科拓展、兴趣培养、实践活动等多个领域，满足不同学生的需求。一方面，要开设丰富多彩的基础课程，如阅读、写作、数学、科学等，夯实学生的学科基础；另一方面，要积极探索和开发特色课程，如艺术、体育、科技、社会实践等，满足学生个性化发展的需求。学校还鼓励教师参与课程创新，并设立课程研发基金，支持教师开展课后服务相关研究。课程中运用的一些现代信息技术，如多媒体教学、在线学习等，提升了课程的吸引力和实效性。通过课程内容的不断创新和完善，学校为学生提供更加优质、多元的学习体验；引入先进的教育理念和技术，如项目式学习、STEAM教育等，提高课程的时代性和前瞻性；建立课程评价与反馈机制，定期对课程内容进行评估和调整，确保课程质量。

（三）个性化服务方案的制定

每位学生都是独一无二的个体，他们的兴趣、特长和成长需求各不相同。针对学生的个体差异，莲南小学深刻认识到，在课后服务中应高度重视个性化服务方案的制定。首先，要通过问卷调查、面谈交流等方式全面了解学生的兴趣爱好、学习状况和家庭背景等信息；其次，根据学生的实际情况和需求，量身定制个性化的服务方案，包括课程选择、学习进度安排、辅导方式等；最后，建立动态调整机制，定期评估服务效果，根据学生的反馈和成长情况及时调整服务方案。总的来说，个性化服务方案的制定和实施，有助于确保每位学生都能在课后服务中得到适合自己的成长支持和发展机会。

三、场地设施与安全保障

（一）充分利用学校现有场地设施，为课后服务提供空间保障

学校对现有场地设施进行全面梳理和评估，明确其功能和承载能力，以最大化利用现有资源；通过合理规划布局，将教室、图书馆、体育馆、实验室等场地设施进行详细登记和有效整合，为课后服务提供多样化的学习和活动空间。同时，鼓励跨年级、跨班级的资源共享，提高场地设施的使用效率。制定场地设施使用规划，明确不同场地的使用时间、适用对象和用途，实现空间的高效轮换和利用。优化场地布局，根据课后服务的具体需求，对现有场地进行适当改造，提高空间利用效率。建立场地预约和使用管理制度，确保场地资源的公平分配和有效管理。此外，学校还应考虑多功能教室的建设，通过可移动设施和灵活布局，实现同一空间的多功能使用，以适应不同课后服务活动的需求，实现空间的最大化利用和灵活转换，为课后服务提供充足、适宜的空间保障，满足多样化的服务需求。

（二）加强课后服务场地设施建设，改善服务环境

在充分利用现有场地设施的基础上，根据课后服务的实际需求和发展趋势，适时加强场地设施建设，以改善服务环境，提升服务品质。制定长期场地设施建设规划，结合学校发展目标和课后服务需求，分阶段推进场地设施建设。加大资金投入，设立专项经费，用于课后服务场地设施的购置、维修和升级。引入社会资源，通过校企合作、社区共建等方式，拓宽场地设施建设的资金来源和合作渠道。注重环保和可持续发

展，选择绿色、健康、安全的材料和设备，营造良好的服务环境。场地设施建设过程中，学校应充分听取师生意见，充分考虑学生年龄特点和课后服务内容，设计人性化的场地设施，确保项目符合实际需求，提升使用体验，避免资源浪费，以便为师生创造安全、舒适、功能齐全的课后服务环境。

（三）确保课后服务场地安全，消除安全隐患

只有建立健全课后服务安全管理制度，明确安全责任人和安全管理流程，才能确保课后服务场地安全无虞。学校定期进行场地设施的安全检查和维护保养，以便及时发现并消除安全隐患。加强对师生的安全教育和培训，增强他们的安全意识和自我保护能力。同时，建立健全应急预案体系，确保在突发事件发生时能够迅速、有效地进行应对和处理。此外，学校也建立了安全信息反馈机制，加强与家长、社区的合作，共同打造安全、和谐的课后服务环境，形成安全工作的闭环管理。通过全方位的安全保障措施，学校能为师生提供令人安心的学习和活动环境，为课后服务的顺利开展提供坚实支撑。

四、家、校、社多方协同保障

（一）加强家校沟通，充分发挥家长在课后服务中的参与和监督作用

家长是学校开展课后服务不可或缺的合作伙伴，因此学校一直致力于构建开放、透明的家校沟通机制，建立常态化的家校沟通渠道，并制定合理的家校沟通计划。具体措施包括通过定期召开家长会、设立家长

接待日、利用社交媒体平台沟通交流等方式，确保家校之间的信息传达畅通无阻，让家长及时了解课后服务的最新动态、政策调整及孩子的学习和生活情况；明确家长在课后服务中的角色和责任，鼓励家长参与课后服务的设计与实施过程，收集并采纳家长的合理建议，使服务内容更加贴近学生需求；开展家长教育，引导家长树立科学的教育理念，提升家长的参与能力，使其更好地发挥监督和参与作用；建立家长志愿者制度，吸纳家长参与课后服务的日常管理和活动组织；在增强家校合作实效性的同时，建立家长监督机制，邀请家长代表参与课后服务的日常管理和监督，确保服务质量与效果。通过强化家校沟通与合作，构建和谐的家校关系，学校不仅能够提升家长的满意度和信任度，还能有效促进课后服务的持续改进与创新，推动课后服务的健康发展。

（二）搭建家、校、社协同平台，促进资源共享和优势互补

为了更高效地整合和利用家、校、社三方资源，学校积极搭建协同平台，成立由学校、家长、社区代表组成的协同委员会，负责制定协同规划和协调各方关系，促进信息的快速传递与资源的有效对接；建立资源共享机制，整合学校的教育资源、社区的场地设施资源、家长的行业专业资源等，定期举办线下交流活动，实现资源的最优配置；建立信息共享平台，通过网站、APP等渠道，及时发布课后服务信息，提高工作透明度和公众参与度。通过该平台，学校也可以发布课后服务的需求信息，寻求家长和社区的支持与帮助；家长和社区则可以分享自己的资源，如专业知识、技能、场地设施等，为课后服务提供有力补充。此外，协同平台还能促进家、校、社之间的深度合作与交流，以推动三方共同探索课后服务的新模式、新方法，实现资源共享和优势互补，为课

后服务提供更广泛的支持，促进课后服务的高质量发展。

（三）调动社会力量参与课后服务，形成多方合力

社会力量在课后服务中起着重要的作用，学校积极采取措施，制定社会力量参与课后服务的计划，调动其参与积极性，如与企事业单位、社会组织、志愿者团体等建立合作关系，共同开展课后服务项目。这些力量可以为课后服务提供丰富的课程资源、专业的师资力量以及多样化的活动形式，能够有效弥补学校资源的不足。同时，学校也建立健全社会力量参与课后服务的激励机制和评价体系，确保他们的贡献得到应有的认可与回报；加强与社会力量的沟通协调，确保双方在合作过程中目标一致、行动协调。通过广泛调动社会力量参与，凝聚社会各界的力量，政府、学校、家庭、社会共同关注和支持课后服务的良好氛围得以形成，为课后服务持续、健康、全面地发展注入强大动力。

五、安全保障与监督机制

（一）建立监督机制

在实施课后服务的过程中，构建一套多元化、全方位的监督机制是保障服务质量的基石。学校成立由校方管理人员、教师代表、家长委员会及社区代表共同组成的课后服务监督小组，形成校内校外联动的监督网络，并制定监督小组的工作章程，明确监督职责、权限、程序和频率，确保监督工作的规范性和常态化。该小组不仅负责定期对课后服务的开展情况进行现场检查，还利用信息化手段，如建立在线监督平台，实现远程监控与即时反馈的双向并行。同时，学校鼓励学生参与监督，通过设立意见箱、开展匿名调查等方式，确保学生的意见被充分听取。

此外，加强对监督小组成员的培训、提高其监督能力和水平、确保监督工作的专业性和有效性、构建一个有力的监督体系也是保障课后服务健康运行的重要支撑。

（二）开展满意度调查

为了精准把握课后服务的实施效果与各方需求，学校积极建立定期、全面的满意度调查与反馈机制。调查对象覆盖全体学生、家长及参与课后服务的教师，内容涵盖服务内容、时间安排、师资力量、环境设施、安全保障等多个维度。至于调查方法，则是通过线上问卷调查、线下访谈、家长会等多种形式收集意见，以确保数据的广泛性和真实性。针对调查结果，及时汇总分析，形成报告并向全校公开，同时建立问题整改清单，明确责任主体与整改时限，确保每一条反馈都能得到有效回应。此外，设立奖励机制，对提出建设性意见的个人或团体给予表彰，以激发全校师生及家长参与监督的积极性。这种满意度调查能够让学校及时了解课后服务的实际效果，不断优化服务内容。

（三）建立评估体系

为促进课后服务的持续优化与提升，学校致力于构建一套科学、系统、可操作的课后服务评估体系。该体系围绕服务质量、学生参与度、家长满意度、教育效果等核心指标，明确了详细的评估标准与量化方法。通过采用过程性评价与结果性评价相结合的方式，学校既能关注到课后服务的日常运行情况，也能展现其对学生成长与发展的重视。评估过程中，学校注重数据的收集与分析，利用大数据分析技术，挖掘服务过程中的亮点与不足，为决策提供科学依据；同时，建立评估结果应用机制，将评估结果作为资源配置、政策调整、教师绩效考核的重要依据，形成正向激励与反向约束相结合的管理机制，推动课后服务向更高质量发展。

第二节　课后服务保障体系的具体实施

在构建课后服务保障体系的基础上，还要采取切实可行的措施，以确保各项保障工作落到实处。这需要从组织领导、制度建设、风险评估、质量提升、智能管理等方面入手，通过成立专门工作机构、开展风险评估、制定管理制度、落实提质方案、引入智能工具等一系列具体举措，不断强化课后服务保障，促进课后服务工作制度化、规范化、科学化发展。

一、构建组织保障体系

组织保障是实施课后服务的首要保障，其体系构建主要涉及宏观决策、中观统筹和微观操作三个层面。

（一）宏观决策

学校已构建课后服务保障体系的宏观决策框架，以校长为核心，成立了课后服务领导小组，并成功承担起政策解读与顶层设计的重任。该领导小组不仅将课后服务明确纳入学校立德树人的核心战略，正式列入学校年度工作计划之中，还将其视为促进学生全面发展的关键途径。通过定期召开领导小组会议，学校制定了详尽的工作计划，确保每项决策都有据可依、有章可循；同时，也独立制定了课后服务实施方案，该方案全面细致，为课后服务的顺利开展提供了坚实的决策支撑与方向指引，标志着学校在课后服务宏观决策层面取得了显著成效。

（二）中观统筹

在中观层面，学校实现了跨部门的高效协同与统筹管理。教务处、政教处、总务处、保卫处等关键部门及其他各级部门积极响应，共同组建了课后服务研究小组与协调小组，形成了强大的工作合力。各小组在分管校级领导的带领下，明确了职责分工，定期召开研讨会，就师资队伍建设、资源开发、过程管理、效果评价、课题研究及成果推广等关键环节进行了深入探讨与周密部署。通过这一系列举措，学校课后服务的各项工作得以有条不紊地推进，确保了资源的高效整合与利用，为课后服务的顺利实施奠定了坚实的基础。

（三）微观操作

在微观操作层面，学校组建了一个多元化工作团队，成员涵盖专职教师（含外部聘请的教育专家）、社区热心志愿者以及活跃的家委会成员（即积极参与学校事务的家长）。所有成员均经过严谨的资格审核程序并记录在案，以保障教学团队的专业水准与可信赖度。为提升课后服务的品质并确保其教育成效最大化，学校还成立了专项监督指导小组，采取定期巡视、发布简报等多种手段，对课后服务的各个环节实施全方位监控与评价。这一系列微观操作层面的细致安排，不仅保障了课后服务活动的有序开展，更促进了学生综合素质的全面提升，赢得了师生及家长的一致好评。

二、开展安全风险评估

（一）校内安全

在莲南小学的课后服务体系中，校内安全被视为不可动摇的基石。学校全面审查并细化了各项安全制度，确保每一项安全措施都能明确责任人员及其具体职责。例如，针对疫情期间的特殊需求，在课后服务正式开启前，学校做了大量准备工作。全校师生严格落实人员入校“白名单”政策，为校园安全构筑起多道防线，以确保全体师生的安全与健康。在课后服务正式落地前，学校还通过问卷调查的形式收集了家长及学生的意向，并依据其意向做好相应的安排。同时，对于学生因故需要外出的情况，学校实行了严格的假条核实制度，要求班主任或批假人亲自核实后方可放行。这一举措极大地增强了课后服务期间对学生的管理力度。在饮食安全方面，莲南小学同样不遗余力，与资质深厚的餐饮企业合作，为在校就餐的学生提供营养均衡、安全卫生的餐食。每日食材均经过严格筛选与检验，烹饪过程遵循食品安全操作规范，如此才能确保每一口食物都能让学生吃得放心、让家长安心。此外，学校还定期对食堂进行卫生检查与食品安全培训，不断提升服务人员的安全意识与操作水平，为学生营造了一个安全、健康的饮食环境。

（二）校外安全

对于校外安全，莲南小学同样给予了高度重视。学校积极与公安、卫生、药监等部门建立紧密合作关系，共同构建校外安全联防联控机制。通过制定专门的联系人（带队人、责任人）制度，学校能够及时掌握校外活动的最新动态，并迅速排除可能出现的安全隐患。这种跨部门的协调配合为学生在校外活动期间的人身安全提供了坚实保障。这些举措不仅体现了学校对学生安全的深切关怀，也赢得了广大家长的信任与支持。在莲南小学的精心组织下，校外活动成为学生拓宽视野、增长见识的宝贵机会，也成为展现学校安全管理水平的重要窗口。

三、制定运行管理制度

（一）管理制度

在课后服务领域，学校已构建起一套全面而精细的管理制度体系，该体系不仅覆盖了课后服务的每一个环节，还深入服务的每一个细节之中。从计划的精心制定到过程的严格管理，再到总结评价的客观公正，每一项质量管控制度都体现了高度的针对性、可操作性和科学性。尤其值得一提的是，学校在经费管理上也下足了功夫，制定了详尽的经费管理制度，明确了学生活动所需物资的购置流程及服务教师补贴费用的合理分配原则，确保了课后服务资金的透明使用与高效利用。

此外，莲南小学还高度重视信息安全与制度运行的督导监控。学校建立了严格的信息安全制度，对涉及学生隐私及课后服务敏感信息的数据进行了加密处理，并定期进行安全审查，防止信息泄露。同时，学校设立了专门的督导监控小组，对课后服务各项制度的执行情况进行定期检查与评估，确保制度的有效运行与持续改进。这一系列管理制度的实施与完善为莲南小学的课后服务提供了坚实的制度保障。

（二）运行机制

莲南小学在课后服务的运行机制上，充分考虑了家长接送需求与学生发展需要的双重因素。学校建立了以家长申请服务需求为起点、学生自主选择服务项目为核心、班级资格审核与意愿统计为基础、学校统筹实施为保障的高效运行机制。这一机制不仅尊重了家长的意愿与选择，还激发了学生的参与热情与积极性。

在运行过程中，学校注重与家长的沟通交流，建立了多种形式的沟通渠道，如家长会、家校联系册、微信群等，确保每一环节都能及时向家长进行反馈。同时，学校还利用精准统计的数据支持，逐步实现了课后服务的全覆盖。这种精准高效、以人为本的运行机制让莲南小学的课后服务赢得了广大家长与学生的高度认可和赞誉。

四、落实监管提质方案

学校在完成整体布局后，依托课后服务数智管理平台，着重关注课后服务的监管与质量提升工作。

（一）前期服务

莲南小学聚焦学生的个性化成长，根据学生特质推荐课程，打好精准服务组合拳，努力推进“一生一课表，一人一路径”的目标达成。学校尝试专设学科课程顾问，做好前期选课指导服务，根据智能服务平台积累的学生画像数据，为学生推介课程菜单；鼓励班主任和相关课程指导教师帮助学生分析自身特点和发展需求，进而提出选课建议；同时，也助力家长根据学生特质推介课程。

（二）成长服务

为更好地提升课后服务质量，改变学生“一听了之”的课堂学习惯性，莲南小学努力搭建更多面向全体学生的展示舞台与赛事平台，以期更好地激发学生的参与动力与行动活力。在“双减”这一政策背景下，莲南小学审时度势，从丰富课后生活和培养艺术素养的角度出发，为学生精挑细选了实践型的社团项目。学校倡导以兴趣为导向，以实用为目标，让学生自由选择感兴趣的项目，在教师的循循善诱下不断深入探索。尤其是在自主阅读、中华诗教和自然教育等课程，学校搭建课后服务展示平台，组织诗词大会、经典诵读比赛、自然阅读、创意写作大赛等活动；同时，也为体育、信息科学等类别的课后服务课程搭建了“全国—省（市、区）—校级—年级—班级”这一不同层次的赛事平台，让学生都有机会站上舞台、走上赛场。这种机制关注学生、发展学生，其目的不是通过选拔丈量成败，而是以日常赛事为引擎，实现以赛促研、以赛促学，用多样化的赛事平台为学生提供丰富的体验。

（三）监管服务

学校对课后服务实行常态化监管，形成了相对完善的监管流程和课后服务标准，对校内校外教师采取同样高标准的要求，注重加强每日课堂的常规监管。学校每月会对各类课程的实施情况进行抽样调查，随时了解家长、学生对教师的满意度，以监管课程实施情况；同时，建立行政团队巡视群，由第一现场第一责任人常态化开展每日课堂督导，记录巡视日志，以定点巡视、场地检查、放学协管等形式加大课程监管力度。

五、引入智能管理工具

课后服务作为学校教育的重要补充，应该积极落实数字时代正确的育人目标，加强教师的数字化教学应用实践能力，从而更好地培养学生的数字化信息意识。

（一）基于信息技术拓宽课后服务课程内容供给

学校可以借助数字资源平台、社会机构、区域研修平台、自身力量等开发多元课程。如借助数字资源平台，积极开发数字教材，利用国家、市、区教育数字平台以及数字图书馆、数字博物馆等资源，提供丰富的课后服务学习资源。在此基础上，结合虚拟现实技术，学生们可以足不出户地游览世界各地的名胜古迹，观看博物馆展览，了解不同文化的历史背景和发展情况，拓宽国际视野。此外，学校还为学生们引入了互动式的科学实验课程。学校积极开发各类基于信息技术的特色校本课程，有力地促进了区域科技教育的发展与科技人才的培养。在特色校本课程方面，莲南小学结合地方特色和信息技术优势，开发了与自然科学相关的课后服务课程，如通过物联网技术学习如何监测土壤湿度、光照强度等环境参数，不仅让学生们亲身体验了自然界的魅力，还培养了他们的实践能力和环保意识。

（二）基于信息技术丰富课后服务实施方式

信息技术的融入极大地丰富了莲南小学课后服务的实施方式，显著提升了服务效率。针对学业辅导，学校可以借助智能教学平台（如钉钉、智慧校园系统等）以及专业的作业管理软件实现作业的精准推送与个性化管理。这些软件不仅能够根据学生的学习进度和能力水平自动匹配适合的作业内容，还能实时记录学生的完成情况，为教师提供详尽的作业分析报告。通过大数据分析，教师可以更加客观、全面地评价学生的学习过程，发现其学习中的薄弱点，及时调整教学策略，深度连接学生与课堂，增强学生的学业管理能力和自主学习能力。信息技术还使得多方主体能够便捷地加入课业辅导中。家长可以通过互联网平台随时查看孩子的作业完成情况，并与教师进行在线交流，共同解决孩子的学习难题。学校也可以利用官网、社交媒体等渠道定期发布学习资源和教育资讯，引导家长关注孩子的全面发展，形成家校共育的良好氛围；同时，还可以通过互联网建立家校互动平台，加强与家长的沟通。在这个平台上，家长可以及时反馈学生的学习和生活情况，与教师进行即时沟通，共同探讨孩子的成长策略；学校则定期举办线上家长会、教育讲座等活动，邀请专家为家长解答各类教育问题，提供科学的教育方法和指导建议，共同关注学生的校内外成长，促进学生的全面发展。

（三）基于信息技术形成课后服务教研机制

课后服务特色活动的开展在莲南小学得到了高度的重视，学校从课程设计的角度出发，对每一项活动都进行了严格要求，明确了其育人功能与活动价值。为了系统设计活动内容与开展方式，并确保有完整的活动计划与实施评价，学校加强了对课后服务特色课程的管理，从专业角度指导课程开发，并积极探索形成有效的教研机制。为了减轻教师的负担并提升教研效率，学校充分利用信息技术平台促进课后服务的教研交流，如借助视频会议软件（如钉钉、腾讯会议等）、在线协作平台（如Google Docs、石墨文档等）以及专门的教研管理系统（如智慧校园平台中的教研模块），实现对教师服务全过程数据的采集和分析。这些工具和平台不仅有助于教师直观了解自己在课后服务活动中的参与情况、学生反馈及教学效果，还促进了教师之间的资源共享、经验交流与问题探讨。网络及相关软件的应用打破了传统教研的时空限制，实现了多主体、跨时空的互动与评价。家长、学生、同行乃至校外专家都可以通过网络空间就所参与的课后服务活动发布评价意见，以形成全方位的反馈机制。教师则可以利用信息技术对收集到的评价意见进行大数据处理，通过量化分析、趋势预测等手段，得出更为客观、全面的评价结果。这种基于大数据的评价反馈，能够帮助教师打开思路、精准定位问题、找到改进方向，从而进一步优化课后服务内容，创新实施方式，不断提升课后服务的水平和质量。通过建立这样的教研机制，莲南小学不仅促进了课后服务特色课程的有效开发与实施，还激发了教师参与教研的热情与创造力，为学生的全面发展提供了更加坚实有力的保障。

（四）基于信息技术加强课后服务校际交流与展示

课后服务工作的持续进步离不开广泛的校际交流与展示。当前，虽然各校在课后服务领域已有初步探索，但更大范围内的深度交流还没有形成长效机制。为此，莲南小学积极倡导并推动基于信息技术的区域交流平台建设，旨在打破校际壁垒，加强学校课后服务工作的交流与展示，形成区域性的浓郁研讨氛围，促进课后服务工作的经验共享与智慧碰撞，助力课后服务工作的创新开展。在构建区域性课后服务交流平台的过程中，莲南小学积极参与并分享自身在课后服务方面的创新实践与成功案例。学校利用云计算、大数据等先进技术建立了课后服务课程成果案例资源库。这些资源涵盖了课程设计、实施策略、学生反馈及成效评估等多个维度，可以为区域内乃至更广泛地区的教师提供宝贵的参考与借鉴。

此外，莲南小学还积极组织线上研讨会、工作坊等活动，邀请教育专家、学者及一线教师共同探讨课后服务工作的新思路、新方法。这些活动不仅加深了教师对课后服务重要性的认识，还激发了他们的工作热情与创造力，为课后服务工作的持续创新与发展注入了新的活力。

第七章

课后服务的成效与价值

在推进教育现代化的进程中，课后服务作为一项重要的民生工程，始终坚持以学生为本，致力于提供高质量、有温度的课后时光。莲南小学作为深圳市首批课后服务示范学校，自2015年起便积极响应教育部门的号召，全面开展课后服务工作。经过多年的实践与探索，课后服务工作在多个方面取得了显著成效，不仅丰富了学生的课余生活，也缓解了家长的教育压力，为社会和谐发展贡献了力量。

第一节　成效评估

课后服务工作自开展以来，取得了显著成效。对师生、学术理论、学校示范辐射以及社会评价等方面的全面评估，可以充分证明课后服务在促进学生全面发展、推动教育理论创新、发挥学校示范引领作用、赢得社会广泛认可等方面发挥了重要作用，彰显了课后服务的价值和意义。

一、师生发展质量提升

莲南小学的课后服务实践在师生质量的提升方面取得了显著成效。学校通过“两段式”与“3+1+1”模式的巧妙结合，不仅科学划分了课后服务时间，更以学生为中心，精心安排了一系列深受学生喜欢的课后服务课程。这一变革的实施，不仅让全校学生的参与度达到了98.2%，更让诗词创作、咏春拳等成为学生争相参与的热门课程，以至于在选课时出现“秒空”的现象。对部分学生进行随机访谈后发现，94%的访谈者对学校的课后服务课程表示喜欢。问卷调查也显示，99.78%的家长对学校课后服务课程建设与实施表示高度满意，这一数据反映了家长对学校工作的认可和支持。这一数据背后，是学校对教育理念的深刻理解和对学生兴趣的精准把握。

对于学生而言，课后服务成为他们探索知识、培养兴趣、提升能力的第二课堂，为他们提供了展示自我的平台。这一创新举措不仅有效减轻了学生的学业负担，更在无形中提升了他们的综合素质，有助于其发挥兴趣特长。学生们在多元化的课后服务中找到了自己的兴趣所在，激发了内在的学习动力，为全面发展奠定了坚实的基础。学校的教育成果在学生所取得的多项荣誉中得到了充分体现：《Enjoy AI 3D虚拟机器人》在全国青少年通信科技创新大赛中荣获一等奖，足球队学生入选国家队青少年足球训练营，还有学生在广东省少年国际象棋8岁组比赛中夺得冠军，而多功能可遥控的交互式课桌则在深圳市青少年智慧城市创新交流活动中荣获二等奖……这些荣誉不仅是学生个人能力的展现，更是学校课后服务成果的生动证明。

莲南小学的教师团队同样取得了令人瞩目的成就。课后服务不仅是教育教学的延伸，更是教师专业成长和教学创新的舞台。教师在课后服务中的实践和探索不仅有助于提升其教育教学能力，也为提升学校的整体教育质量作出了贡献。学校教师在国家级教学比赛中荣获一、二等奖，这不仅是对教师个人教学水平和专业素养的认可，更是对学校教学质量的肯定。此外，学校教师在第二届中华经典诵写讲大赛“迦陵杯·诗教中国”小学组中荣获二等奖，展现了教师在传承和弘扬中华优秀传统文化方面的卓越贡献。莲南小学的课后服务实践，以其创新的理念、丰富的内容和显著的成效赢得了学生和家长的广泛好评，成为区域内乃至全国课后服务工作的典范。

二、学术理论成果显著

在课后服务的探索与实践中，莲南小学以其独特的视角和深刻的理解贡献了多项重要的理论成果，其中，《课后服务不是把篮子装满，而是把灯点亮》和《“四维协同”课后服务模式，实现减负提质双赢》这两篇文章非常具有代表性，不仅为课后服务的创新发展提供了理论支撑，也展示了学校在实践中的积极探索。

《课后服务不是把篮子装满，而是把灯点亮》发表于2021年7月的《人民教育》，文章深刻阐述了课后服务的核心价值，并指出课后服务不应仅仅是知识的灌输，而应更多地聚焦于学生兴趣与潜能的激发。这种理念解决了如何在课后服务中通过个性化指导来促进学生全面发展的问题。文章强调，课后服务应当是一盏照亮学生心灵与未来的明灯，而不仅仅是填满他们知识篮子的工具。与此同时，《“四维协同”课后服务模式，实现减负提质双赢》发表于2023年10月的《当代教育家》，文章针对课后服务中存在的“时间缺乏灵活性”“内容缺乏系统性”“主体缺乏协同性”等问题，提出了创新性的解决方案。“四维协同”模式通过“弹性时间”“弹性空间”“弹性师资”“弹性课程”四维协同的资源联动服务机制，将传统的管理方式转变为治理，实现了课后服务减负与提质的双重目标。这一模式为课后服务的可持续发展提供了新的路径和视角。

作为中华诗教深圳示范区的特色学校，莲南小学在传承中华经典诗词的道路上从未止步。学校已成功编撰并出版了诗集《芰荷风》，该书由华文出版社于2023年12月正式发行，此举不仅是对中华优秀传统文化的继承，也是对诗意校园文化的构建。《芰荷风》这本书不仅是对古代诗词精华的展现与传承，更是新时代背景下对中华诗词文化的一次创新诠释，为青少年学生提供了领略中华优秀传统文化之美的窗口。面对新时代的挑战，莲南小学深感责任重大，会矢志不渝地将这份珍贵的中华优秀传统文化传承下去，并积极探索，为其注入新的时代精神与内涵，使其在新时代背景下焕发出更加绚丽的光彩。通过举办诗词朗诵会、创作比赛、文化讲座等多种形式的活动，莲南小学努力打造一个充满诗意与智慧的学习环境，让每位学生都能在这片沃土上茁壮成长，成为具有深厚文化底蕴和创新能力的新时代接班人。

论文、书籍等不仅是莲南小学课后服务实践的经验总结，也是对新时代课后服务发展的深刻思考，不仅为课后服务的改革与创新提供了宝贵的理论资源，也为其他学校在课后服务领域的探索提供了有益的借鉴。在未来的教育实践中，莲南小学将继续深化理论研究，加强对外交流与学习（见图7.1），不断创新课后服务模式，为培养具有时代精神和较高素质的新时代人才贡献力量。

图7.1　莲南小学积极与国际教育接轨，探索先进教育理念

三、学校示范辐射广泛

在课后服务的深入探索中，莲南小学以其独到的视野、扎实的实践与不懈的创新走出了一条特色鲜明、成效显著的探索之路。自2021年以来，学校在课后服务领域的深耕细作不仅为学生的全面发展搭建了坚实的平台，更为广东省乃至全国范围内的教育同行提供了宝贵的经验与启示。

莲南小学制定的《深圳市莲南小学课后服务实施方案》作为学校课后服务工作的行动指南，因其创新性、实效性和可操作性，于2021年6月开始被广东省教育厅选定为典范案例，面向全省进行推广。自此之后，其影响力日益扩大。该方案凝聚了全校师生的智慧与汗水，以创新性的设计思路、实效性的操作策略以及高度的可操作性赢得了广泛赞誉。它不仅打破了传统课后服务的界限，将学生的兴趣培养、潜能挖掘与综合素质提升紧密结合起来，还充分考虑了家庭、学校与社会的协同作用，构建了全方位、多层次的课后服务体系。这一方案的成功实施，不仅丰富了学生的课余生活，也有效缓解了家长的接送难题，实现了学生、家长与学校的三方共赢。

同年，学校凭借在课后服务方面的突出表现，荣获“深圳市首批课后服务示范学校”称号，这是学校在课后服务领域辛勤耕耘的又一个重要里程碑。这一荣誉不仅是对学校工作成效的肯定，更是激励学校不断前行的动力源泉。以此为契机，学校多次受邀在市级、省级乃至国家级的重要场合分享课后服务经验，将成功做法与心得体会分享给更多的教育界同仁。特别是在2021年深圳市义务教育阶段学校课后服务经验交流活动中，学校代表详细介绍了《深圳市莲南小学课后服务实施方案》的制定背景、主要内容及实施效果，并与参会代表就课后服务的热点问题进行了深入交流与探讨。借助这次机会，学校不仅展示了自身的实践成果，也汲取了其他学校的优秀经验，进一步拓宽了工作思路。在随后举办的2022年深圳市教育工作会议及2023年深圳市义务教育阶段学校课后服务专题调研座谈会上，学校作为深圳市基础学校的代表，向与会领导及专家全面汇报了课后服务工作的最新进展与显著成效，分享了如何根据学生兴趣与需求动态调整服务内容、如何强化师资队伍建设以提升服务质量以及如何加强家校合作以形成教育合力等方面的宝贵经验。这些经验分享不仅增强了社会各界对学校课后服务工作的认识与理解，也为深圳市乃至全国范围内课后服务工作的优化升级提供了有益参考。

莲南小学在课后服务经验交流中的贡献远不止于此。学校始终秉持开放共享的教育理念，愿意将自身的实践成果与更多学校共享，以推动课后服务事业的繁荣发展。通过组织工作坊、举办培训班、开展网络研讨等多种形式的活动，学校积极搭建起交流与合作的桥梁，促进了教育资源的优化配置与共享，并将继续深耕课后服务领域（见图7.2），不断创新服务模式与方法，努力为学生提供更加优质、高效、个性化的课后服务。

图7.2　莲南小学坚持开放共享的理念，与他校积极交流

四、社会各界评价良好

莲南小学的课后服务模式以其创新性和实效性吸引了广泛的社会关注，获得了诸多荣誉。这些荣誉不仅是对学校多年来坚持教育创新、深化教育改革的肯定，更是对未来教育发展方向的一种引领与示范。

在媒体报道方面，莲南小学无疑是众多学校中的佼佼者。从国家级权威媒体人民教育微信公众号和《中国教育报》的专题报道，到地方主流媒体《新京报》《南方都市报》《深圳商报》《深圳特区报》以及深圳教育微信公众号的深度聚焦，莲南小学的课后服务模式逐渐成了社会各界关注的焦点。这些报道不仅详细记录了学校“四维协同”课后服务机制的独特魅力，还深入挖掘了中华诗教与自然教育等特色项目的深刻内涵，展现了学校在传承与创新、文化与自然的和谐共生中不断探索前行的精神风貌。特别是《南方都市报》的整版报道，更是将莲南小学的教育实践宣传推向了一个新的高度。该报道不仅全面介绍了学校“四维协同”课后服务机制的运作方式与成效，还通过生动的案例和翔实的数据展示了中华诗教如何滋养学生的心灵、自然教育如何激发学生的探索欲与创造力。这一报道不仅让更多的人了解了莲南小学的教育特色，更激发了社会各界对于教育综合改革的深入思考与广泛讨论。与此同时，莲南小学还荣获了一系列重要的称号，如“中华诗教深圳示范区特色学校”“深圳市全民阅读十大示范单位”“深圳市年度体育创新学校”“深圳自然教育优秀活动样板最具教育性活动”等。这些荣誉不仅是对学校在某一领域取得的突出成就的认可，更是对学校整体教育质量和办学水平的肯定。它们见证了莲南小学在传承中华优秀传统文化、推动全民阅读、促进体育健康、加强自然教育等方面的不懈努力与显著成效。尤其值得一提的是，莲南小学还获得了“教育部‘基于教学改革、融合信息技术的新型教与学模式’示范区”“‘智慧教育示范区’实验校”“第七届深圳教育改革创新论坛‘家校社协同育人学校年度奖’”等荣誉，获批了“深圳市首批义务教育阶段学校‘减负提质’”项目。这些成就不仅体现了学校在教育改革创新方面的领先地位，更彰显了学校在推动家、校、社协同育人、减轻学生课业负担、提升教学质量等方面的坚定决心与卓越成效。它们为莲南小学的教育实践注入了新的动力与活力，也为学校未来的发展指明了方向。

这些媒体报道和荣誉不仅是对学校工作成果的认可，更是对其未来持续探索与创新的期许。学校将继续以学生为中心，不断优化课后服务内容，提升服务质量，陪伴更多学生度过高质量的课后时光，为培养新时代全面发展的人才贡献力量。在未来的教育实践中，学校也将继续深化理论研究，坚持创新；同时，将继续加强与媒体的合作，通过更多的宣传和报道展示学校的优秀成果与特色，进一步为其他学校提供参考和借鉴。

第二节　经验启示

莲南小学课后服务工作的生动实践，为新时代的教育改革与发展提供了宝贵经验和重要启示。在课后服务中，生活启智、知行合一的教育理念得以充分体现；因地制宜、因材施教的工作方法得到广泛运用；文化浸润、润物无声的育人环境逐渐形成；积微成著、跬步千里的发展道路不断延伸。这些弥足珍贵的经验启示，必将为我国教育事业的改革和发展注入不竭动力。

一、生活启智，知行合一

为弘扬科学精神，提升全校师生的科学素养与学习热情，莲南小学致力于加强师生的科学创新与实践能力培养，推动学校科技教育的普及与发展。为此，学校精心策划了生活科普类社团课程，涵盖手工DIY、魔方解谜等，鼓励学生在贴近生活的实践活动中积极探索、深化学习，从而进一步提升学科素养。课后服务社团活动作为学校教育的延伸，不仅促进了学生团队合作精神的培育，陶冶了情操，极大地丰富了学生的课余生活，还为每位学生提供了在不同领域展现自我、实现个性化发展的机会。学校成功举办科创文化节，并在第七届全国行知科创教育节暨未来城市设计大会中斩获佳绩。

这些成就充分展示了莲南小学在实践教学、信息技术教育及科技创作等方面的丰硕成果，为每位孩子提供了发掘自身特长、追寻个人梦想的平台，同时也为其他学校的课后服务课程提供了重要启示：课后服务不应仅限于课堂学习的延伸，而应成为发展学生兴趣爱好、激发学生潜能、培养创新精神和实践能力的重要阵地。

二、因地制宜，因材施教

莲南小学主校区紧邻仙湖植物园，这一地理位置为其自然教育的开展提供了得天独厚的条件。学校积极利用这一优势，将自然教育确立为办学哲学，并秉承“自然扎根，自在舒展”的办学理念，成功构建了“自然芬芳”自然教育课程体系。为了深化自然教育，莲南小学聘请了仙湖植物园的多位科学家和博士作为自然教育顾问，他们长期到校开展科普讲座，将专业知识与生动实践相结合，为学生们打开了探索自然的大门。同时，学生们也有机会走进仙湖植物园，在科学家的指导下，亲自观察、记录和感受大自然的奇妙与魅力。这种与自然亲密接触的教育模式，不仅让学生们受益匪浅，也让莲南小学在“深圳自然教育优秀活动样板评选”中脱颖而出，成为20个样板案例之一。学校荣获的奖项充分证明了其自然教育活动的示范意义和传播影响力，以及其在自然关怀精神、创意性、教育性等多方面的优势。

莲南小学的成功经验，对于其他希望开展自然教育但不知从何入手的学校来说，具有重要的启示作用。莲南小学通过充分调动社会资源，与专业科研机构紧密联动，让学生有机会从专家那里汲取知识养分，从而实现了自然教育的有效推广和深化。

三、文化浸润，润物无声

莲南小学作为传承中华优秀传统文化的积极践行者，在马勺非物质文化遗产和中华诗教两大领域，展现出了非凡的教育智慧与实践成果。在马勺彩绘课程中，师生们以画笔为媒介，在马勺上勾勒出一幅幅色彩绚丽的图画，借此深刻领略到了中国非物质文化遗产的独特魅力以及古人的智慧结晶。学生在学习中感受到了中国的图谱美和色彩美，进一步激发了爱国情怀，让历史的余温在心中重新焕发光彩。学校将诗歌作为传达情感、记录生活和展望未来的重要载体，通过诗词来丰富学生的精神世界，培养他们的品格，启迪他们的心智。学校不仅在日常教学中融入诗歌，还创新性地采用了“诗文相彰、诗语相通、诗画相宜、诗乐相和、诗体相适”等多种教学策略，将诗歌与其他学科相结合，打造出了内容丰富、形式多样的诗教课堂。

莲南小学在传承中华优秀传统文化方面所做出的努力和实践，不仅为自身赢得了荣誉，更为其他学校提供了宝贵的经验和启示：传承文化不仅仅要传授知识，更要培养学生的文化认同感和文化自信，拓宽学生的视野，培养他们的综合素养。

四、积微成著，跬步千里

“不积跬步，无以至千里；不积小流，无以成江海。”积微成著，跬步千里，莲南小学在教育的道路上，正是以这样的精神，一步一个脚印，踏实前行。栉风沐雨，春华秋实，莲南小学的每一份荣誉，都是师生们日积月累的点滴付出，每一项成就，都是团队精诚合作的成果。这些荣誉和成就，不仅记录着莲南人的责任与努力，更映射出学校不断追求卓越的决心。天道酬勤，华章日新，莲南小学在传承与创新中，不断砥砺前行，以实际行动践行着教育的初心和使命。

展望未来，莲南小学将继续秉承“积微成著，跬步千里”的信念，不断探索教育的新方法，拓宽育人的新领域，致力于培养更多具有创新精神和实践能力的学子。在新的征程上，莲南小学将谱写更加辉煌的篇章，开创更加灿烂的明天，为教育事业贡献更多的智慧和力量。

第三节　挑战与对策

在取得成绩的同时，课后服务工作也面临着一些挑战。服务需求不断扩大、师资力量相对不足、经费保障存在缺口等问题都在一定程度上制约着课后服务的可持续发展。针对这些挑战，需要采取积极有效的应对策略，可通过优化服务供给、加强师资培养、拓展经费渠道等举措，不断提升课后服务工作的针对性、有效性和可持续性，推动课后服务工作迈上新台阶。

一、面临的挑战

（一）资源分配不均

莲南小学在实施课后服务的过程中面临的首要挑战是资源分配不均。这既包括师资力量的配置不均，也包括活动场地、教学设备以及教学材料等资源的分配不均。

师资力量方面，某些热门课程，如编程、科学实验等，因专业教师稀缺，导致课程开设受限，无法满足所有学生的报名需求，供需矛盾突出。同时，活动场地也是一大瓶颈，随着参与学生数量的增加，现有场地显得捉襟见肘，影响了活动的顺利开展。此外，教学设备及教学材料的更新换代速度跟不上学生需求的变化，部分老旧设备已难以满足高质量教学的要求。为解决这一问题，学校需积极争取外部资源支持，同时优化内部资源配置，提高资源使用效率。

（二）课程内容与学生需求难以匹配

面对学生兴趣爱好日益多元化这一趋势，课后服务在课程内容的设计上遇到了很多的挑战。传统课程内容往往难以满足学生个性化、差异化的需求，导致学生参与热情不高，服务效果受限。为此，学校应加强与学生的沟通，深入了解他们的兴趣点和需求点，结合时代发展趋势，不断创新课程内容，引入更多新颖、有趣、实用的课程元素；同时，也应建立课程评价机制，定期收集学生反馈，及时调整课程内容，以确保课程与学生实际需求保持高度匹配。

（三）教师负担加重

课后服务的开展无疑给教师带来了额外的工作负担，尤其是那些需要亲自设计并开展课程的教师。他们不仅要完成日常教学任务，还要在课后服务的准备和实施上投入大量时间和精力，导致身心俱疲。为减轻教师负担，学校可以采取一系列措施，如增加教师编制，引进专业辅导人员分担教学任务；利用信息技术手段帮助教师提高教学效率，减少重复劳动；合理安排教师工作时间，确保他们有充足的“充电”时间。此外，学校还应加强对教师的关怀和支持，提高他们的工作满意度和幸福感。

（四）安全与管理难题

课后服务期间的学生安全与管理是学校必须高度重视的问题。由于参与学生众多，活动形式多样，管理难度较大。为确保学生安全，学校应建立健全安全管理制度和应急预案体系，明确责任分工，加强日常巡查和监督；同时，加强对学生的安全教育，增强他们的安全意识和自我保护能力。在活动过程中，教师应密切关注学生动态，及时发现并处理潜在的安全隐患。此外，学校应与家长保持密切联系，共同构建家校共育的安全防护网。

二、应对策略

（一）优化资源配置

针对莲南小学在课后服务中面临的资源分配不均问题，学校将采取一系列措施以优化资源配置：加强与上级教育部门的沟通，通过详细阐述自身资源现状与实际需求，积极争取政策与资金上的支持，为课后服务的顺利开展奠定坚实基础；同时，拓宽资源引入渠道，积极寻求与社区、企事业单位等社会力量的合作，引导他们共同参与课后服务的建设。这不仅能够有效缓解学校资源紧张的状况，还能为学生带来更多元化的学习体验。

在资源利用方面，莲南小学坚持科学规划、合理调配的原则，通过深入分析学生需求、课程特点以及资源现状，制定出切实可行的资源分配方案。在此过程中，学校应充分利用现有资源，避免重复建设；注重资源的共享与流动，鼓励不同课程、不同年级之间的资源共享，以提高资源使用效率。

（二）创新课程内容

为了满足学生日益多元化的需求，莲南小学在课后服务的课程内容上将不断创新。学校鼓励教师紧跟时代发展步伐，结合学生兴趣爱好与社会热点，开发出具有鲜明特色和吸引力的课程。课程设计不仅要注重知识传授与技能培养，还要注重培养学生的创新思维与实践能力。

同时，学校将不断完善课程评价机制，定期收集学生、家长及教师的反馈意见，对课程内容进行及时调整与优化；不断迭代升级，确保课程内容始终与学生需求保持高度匹配。此外，学校将在现有师资基础上邀请更多领域的专家学者、行业精英等外部力量参与课程设计与开发，以便为课程内容注入更多新鲜血液与活力。

（三）减轻教师负担

为缓解教师在课后服务中的工作压力，学校将采取多种措施以减轻教师负担。学校将积极引入志愿者、家长义工等辅助力量参与课后服务，分担教师的一部分工作。这些辅助力量能为学生提供学习上的帮助与支持，在一定程度上减轻教师的负担。学校将充分利用信息技术手段提高教学与管理的效率，如通过建立课后服务信息化平台、推广在线教学等方式，减少教师的重复劳动与处理烦琐事务的时间；同时，将合理安排教师的工作时间与休息时间，确保他们有充沛的精力投入教学工作之中。此外，学校还将通过提供专业培训与心理关怀等方式提高教师的工作满意度与幸福感。

（四）强化安全管理

在课后服务过程中，学校将继续高度重视学生安全与管理问题。莲南小学不断完善安全管理制度与应急预案体系，明确责任分工与职责范围，确保在突发事件发生时能够迅速响应并妥善处理。同时，学校还将加大日常巡查与监督工作的力度，及时发现并消除安全隐患与不稳定因素。在安全教育方面，学校将定期开展安全教育培训与演练活动，增强学生的安全意识与自我保护能力。这些活动通过模拟真实场景、讲解安全知识等方式，能够让学生深刻认识到安全的重要性并学会自我保护技能。此外，学校还加强与家长的沟通与合作，共同构建家校共育的安全防护网络体系。家校双方的共同努力与协作有助于确保学生在课后服务期间能够安全、健康、快乐地成长。

附 录

2021年3月3日，莲南小学利用课后服务时间率先开展“走进仙湖植物园”系列课程，上图为仙湖植物园化石博物馆付馆长为学生讲述化石的前世今生

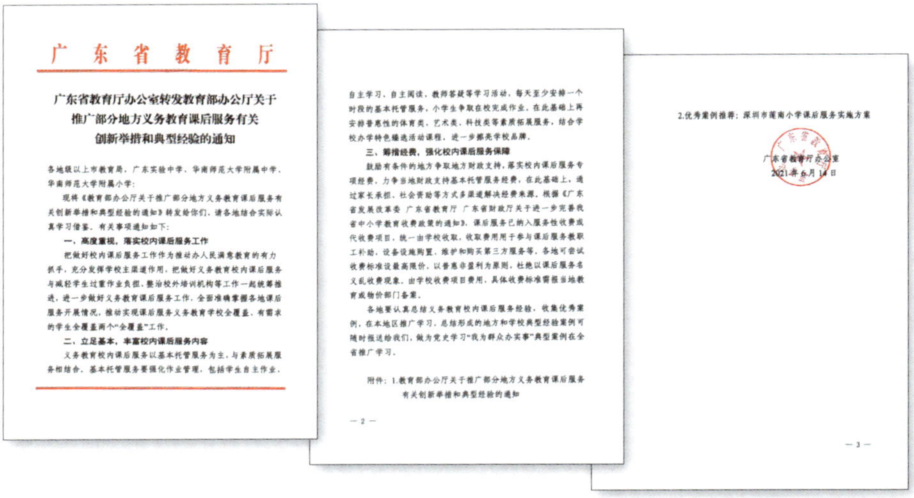

广 东 省 教 育 厅

广东省教育厅办公室转发教育部办公厅关于推广部分地方义务教育课后服务有关创新举措和典型经验的通知

各地级以上市教育局，广东实验中学、华南师范大学附属中学、华南师范大学附属小学：

现将《教育部办公厅关于推广部分地方义务教育课后服务有关创新举措和典型经验的通知》转发给你们，请各地结合实际认真学习借鉴。有关事项通知如下：

一、高度重视，落实校内课后服务工作

把做好校内课后服务工作作为推动办人民满意教育的有力抓手，充分发挥学校主渠道作用，把做好义务教育校内课后服务与减轻学生过重作业负担、整治校外培训机构等工作一起统筹推进，进一步做好义务教育课后服务工作，全面准确掌握各地课后服务开展情况，推动实现课后服务义务教育学校全覆盖、有需求的学生全覆盖两个“全覆盖”工作。

二、立足基本，丰富校内课后服务内容

义务教育校内课后服务以基本托管服务为主，与素质拓展服务相结合。基本托管服务要强化作业管理，包括学生自主作业、自主学习、自主阅读、教师答疑等学习活动，每天至少安排一个时段的基本托管服务，小学生争取在校完成作业。在此基础上再安排普惠性的体育类、艺术类、科技类等素质拓展服务，结合学校办学特色臻选活动课程，进一步擦亮学校品牌。

三、筹措经费，强化校内课后服务保障

鼓励有条件的地方争取地方财政支持，落实校内课后服务专项经费，力争当地财政支持基本托管服务经费，在此基础上，通过家长承担、社会资助等方式多渠道解决经费来源。根据《广东省发展改革委 广东省教育厅 广东省财政厅关于进一步完善我省中小学教育收费政策的通知》，课后服务已纳入服务性收费或代收费项目，统一由学校收取，收取费用用于参与课后服务教职工补助、设备设施购置、维护和购买第三方服务等。各地可尝试收费标准设最高限价，以普惠非盈利为原则，杜绝以课后服务名义乱收费现象。由学校收费项目费用，具体收费标准需报当地教育或物价部门备案。

各地要认真总结义务教育校内课后服务经验，收集优秀案例，在本地区推广学习，总结形成的地方和学校典型经验案例可随时报送给我们，做为党史学习“我为群众办实事”典型案例在全省推广学习。

附件：1.教育部办公厅关于推广部分地方义务教育课后服务有关创新举措和典型经验的通知

— 2 —

2.优秀案例推荐：深圳市莲南小学课后服务实施方案

广东省教育厅办公室

2021年6月14日

— 3 —

2021年6月14日，莲南小学课后服务实施方案被广东省教育厅作为唯一样板向全省中小学推广

2021年9月，冯永校长代表深圳市向教育部督导局领导汇报分段课后服务工作

中国教育报
ZHONGGUO JIAOYU BAO
2021年11月3日 星期三

"双减"在行动 ·学校教育篇

多彩课后服务 传递教育温情

——深圳为中小学生提供菜单式服务，力求一生一课表——

在试点先行多方调研中优化升级方案

发展中国家科学院第15次全体大会举行

怀进鹏以视频方式出席并致辞

河北出台教育事业发展"十四五"规划

到2025年高中阶段毛入学率达到95%

2021年11月3日，《中国教育报》以"多彩课后服务 传递教育温情"为题，报道莲南小学为学生"提供菜单式服务，力求一生一课表"做法

2021年12月31日，冯永校长受邀在深圳市义务教育阶段学校课后服务经验交流活动上进行经验分享

2023年3月20日，莲南小学莲馨校区利用课后服务时间开展“走进梧桐山国家森林公园”系列课程

2023年4月13日，莲南小学莲馨校区开展“走进百草园”系列课程

2023年11月26日，莲南小学合唱团受邀出席中国深圳国际低碳城论坛－克罗地亚日，为克罗地亚前总统斯捷潘·梅西奇等嘉宾表演

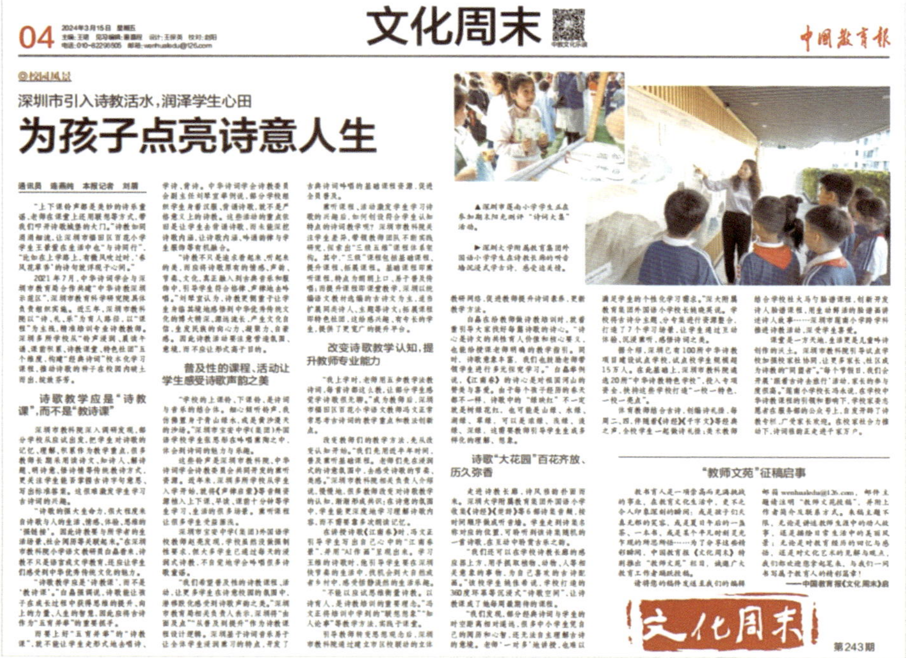

04 2024年3月15日 星期五

文化周末

中国教育报

深圳市引入诗教活水，润泽学生心田

为孩子点亮诗意人生

诗歌教学应是"诗教课"，而不是"教诗课"

普及性的课程、活动让学生感受诗歌声韵之美

改变诗歌教学认知，提升教师专业能力

诗歌"大花园"百花齐放、历久弥香

"教师文苑"征稿启事

——中国教育报《文化周末》启

文化周末

第243期

2024年3月15日，《中国教育报》以"为孩子点亮诗意人生"为题，报道莲南小学中华诗教课程及"诗词大集"特色活动

2024年5月29日，《光明日报》以“让孩子诗心‘咏’流传”为题，报道莲南小学每周德育特色活动“诗礼展演”

2024年10月23日，中央电视台《朝闻天下》节目对莲南小学中华诗教课程进行报道

2024年11月，《芰荷风》经华文出版社公开出版，此书为莲南小学2018级（1）班师生创作的诗词作品集

2025 年 1 月 16 日，莲南小学有荷吟诵团在央广网“中华经典诵读大会”（第二季）全国总展演暨颁奖盛典上演出

2025 年 2 月 26 日，冯永校长向教育部基础教育司领导汇报学校课后服务中华诗教课程开展情况

后　记

在莲南小学课后服务的探索与实践之路上，我始终在思考一个教育工作者最核心的责任：让每个孩子在这里找到成长的力量，让教育的光芒照亮他们前行的道路。这段历程见证了课后服务从理念构建到实践落地的全过程，也彰显出这项工作对促进学生发展、重塑学校教育生态的深远影响。

当再次翻开《高质量课后服务模式的实践探索——以深圳市莲南小学为例》这本书时，呈现在我眼前的不仅有孩子们灿烂的笑脸，更是莲南小学在教育创新中开出的一朵绚丽之花。这本专著凝聚了全校师生和家长的智慧与汗水，记录了在教育强国战略与“双减”政策背景下对课后服务模式的系统性思考与实践探索过程。

课后服务不是学校教育的简单延伸，而是对传统教育模式的创新性突破。在莲南小学，我们始终坚持将课后服务纳入整体育人体系，构建了以“以多向服务育无限可能”为核心的课后服务育人理念。我们致力于精心打造“一生一课表，一生一特长”的特色课程模式，将传统文化底蕴与现代教育理念有机融合，培养学生的文化自信与创新精神；创设丰富多彩的兴趣社团，从体育竞技到科技创新，从艺术审美到劳动创造，从语言运用到经典诵读，每个社团都能让学生在自己感兴趣的领域深入探索；开展形式多样的实践活动，引导学生走出校园，拓宽视野，在真实情境中培养解决问题的能力。这些创新实践不仅丰富了学生的课后生活，更为他们的全面发展奠定了坚实基础。

课后服务的高质量发展，离不开学校、家庭与社会的协同努力。在实践中，我们构建了“学校主导、家长协同、社会参与”的课后服务治理体系：邀请优秀家长走进课后服务课堂，共同开发特色课程；与社区文化场馆建立合作关系，拓展学生学习空间；引入专业社会组织的优质资源，丰富课后服务内容。多元协同的育人模式，不仅拓宽了教育资源边界，更重要的是形成了全社会关心、支持教育的良好氛围。在这个过程中，我深刻认识到：未来的学校将不再是封闭的象牙塔，而应是连接各种教育资源的核心节点，是构建“全时全域”教育生态的重要平台。

展望未来，莲南小学课后服务将朝着更加系统化、科学化、专业化的方向迈进。我们将继续深化课程改革，打造具有莲南特色的课后服务课程体系；加强师资队伍建设，提升教师课后服务专业能力；优化资源配置，为课后服务提供更加坚实的支撑；强化评价研究，建立科学有效的课后服务质量评价体系。同时，我们也将基于大数据与人工智能技术，构建更加智能的个性化学习系统，为每位学生提供量身定制的成长方案；探索构建区域性课后服务资源共享平台，促进优质教育资源在更大范围内流动共享，实现教育公平与教育质量的双重提升。

立足教育现代化的战略全局来看，高质量课后服务不仅是落实“双减”政策的具体措施，更是推动基础教育改革、提升教育质量的重要抓手，是建设高质量教育体系的关键环节。

衷心感谢莲南小学的团队，正是你们的勇于实践、敢于担当，让我们的经验得以经由广东省教育厅作为面向全省中小学的典型案例予以推广；同时，还要感谢所有为莲南小学课后服务建设付出努力的专家、家长等，你们的参与丰富了学校课后服务的内容，你们的智慧和汗水铸就了这一教育创新实践的辉煌。

未来，莲南小学将立足新发展阶段，贯彻新发展理念，融入新发展格局，着力构建育人为本、面向未来的课后服务新生态。我们将以更开放的视野、更创新的思维、更坚定的行动，通过数字化转型与优质资源整合，打造具有示范引领作用的课后服务标杆，为国家教育事业发展贡献独特价值，在新时代教育强国建设征程中绽放莲南智慧。

冯　永

2025年3月5日